CAMBAZIN ARZUSU
KAPİTALİZMİN KARANLIK YÜZÜNÜN ANLATISI

Oktay EMLİK

Cambazın Arzusu: Kapitalizmin Karanlık Yüzünün Anlatısı

© LITERATURK academia 220
İnceleme-Araştırma 201

Bu kitap ve kitabın özgün özellikleri tamamen Nüve Kültür Merkezi'ne aittir. Hiçbir şekilde taklit edilemez.
Yayınevinin izni olmadan kısmen ya da tamamen kopyalanamaz, çoğaltılamaz.
Nüve Kültür Merkezi hukuki sorumluluk ve takibat hakkını saklı tutar.

Kasım 2019

Editörler: **Bünyamin AYHAN - Salih TİRYAKİ - Emre Vadi BALCI**
Genel Yayın Yönetmeni: **İsmail ÇALIŞKAN**

ISBN 978-605-337-232-5

T.C.
Kültür ve Turizm Bakanlığı
Yayıncı Sertifika No: **16195**

Kapak Tasarım: **Orhan DURAK**
Baskı Öncesi Hazırlık: **Mehmet ATEŞ**
meh_ates@hotmail.com

Baskı & Cilt: **Şelale Ofset**
Fevzi Çakmak Mh. Hacı Bayram Cad. No. 22 Karatay/KONYA
Tel: +90.532.159 40 91 selalemat2012@hotmail.com
KTB S. No: **13361** - Basım Tarihi: **KASIM 2019**

KÜTÜPHANE BİLGİ KARTI
- Cataloging in Publication Data (CIP) -

EMLİK, Oktay
Cambazın Arzusu: Kapitalizmin Karanlık Yüzünün Anlatısı

ANAHTAR KAVRAMLAR
- key concepts -
1. Ekonomi, 2. Kapitalizm, 2. Liberalizm, 3. Kültür, 4. Değer Yargısı 5. Toplum, 6. Birey

"**LITERATURK** academia", Nüve Kültür Merkezi kuruluşudur.
www.literaturkacademia.com

  / Nkmliteraturk

M. Muzaffer Cad. Rampalı Çarşı Alt Kat No: 35-36-41 Meram / KONYA Tel: 0.332.352 23 03 Fax: 0.332.342 42 96	Ул. М. Музаффер, рынок Рампалы, нижний этаж № 35-36-41 Мерам, КОНЬЯ, тел.: +90 332 352 23 03, факс: +90 332 342 42 96
Dağıtım: **EMEK KİTAP** Akçaburgaz Mah. 3137. Sk. Ali Rıza Güvener İş Merkezi No: 28 Esenyurt / İSTANBUL www.emekkitap.com - Telefaks +90 212 671 68 10 Дистрибьютор: **EMEK KİTAP** Район Акчабургаз, ул. Али Рыза 3137, бизнес центр «Гювенер» № 28, Эсеньюрт / СТАМБУЛ www.emekkitap.com – Телефакс: +90 212 671 68 10	**ORTA ASYA OFFICE:** Mikrareyon Kok Jar/23 Bishkek / KYRGYSZTAN Tel: +996 700 13 50 00 - Telefaks: + 996 552 13 50 00 **ОФИС В ЦЕНТРАЛЬНОЙ АЗИИ:** Микрорайон Кок Жар/23 Бишкек / КЫРГЫЗСТАН Тел.: +996 700 13 50 00 – Телефакс: +996 552 13 50 00

CAMBAZIN ARZUSU
KAPİTALİZMİN KARANLIK YÜZÜNÜN ANLATISI

Oktay EMLİK

Oktay EMLİK

2013 yılında dijital iletişim çalışmalarına yönelen Oktay EMLİK, Fırat Üniversitesi İletişim Fakültesi'ne başladı. O günden bu yana gerek eğitim hayatında gerekse iş yaşamında çeşitli organizasyonlara katılım gösterdi. Öğrencilik yıllarında "Bugün Günlerden Yarın" projesi kapsamında Boğaziçi Üniversitesi'nden "Dijital Pazarlama ve Sosyal Dönüşümler" eğitimi aldı ve de Google Partners "Adwords Mobil Reklamcılık" eğitimini tamamladı.

Süreç içerisinde çeşitli reklam ajanslarında sosyal medya yöneticiliği üzerine staj çalışmalarıyla birlikte "Jr. Sosyal Medya Yöneticisi" unvanıyla çalışmalar gerçekleştirdi. Bir diğer yandan, dijital dünyada yayıncılık yapan fikircok.net, brandingturkiye.com, pazarlamailetisimi.com gibi mecralarda "kendince bir şeyler karalayan biri" söylemiyle yazılarına yer verdi.

Dijital tarafta faaliyetlerine devam eden Oktay EMLİK, öğrencilik dönemi içerisinde çeşitli öğrenci kongre ve etkinliklerine katılım göstererek görüşlerine yer verdiği çalışmalarını yayımladı. Çalışmalarına, Marmara Üniversitesi İktisat Fakültesi tarafından düzenlenen "Congreconomics - 1. İktisadi Bilimler Zirvesi" etkinliğinde yayımladığı "Pazarlama ve Etik Boyutu ile Artırılmış Gerçeklik Uygulamaları" başta olmak üzere;

Umut Vakfı tarafından düzenlenen "7. Hukukun Gençleri Sempozyumu / Sosyal Medya ve Gündelik Hayata Etkileri" başlıklı etkinlikte yayımladığı "Sosyal Medya ve Markalaşan Devlet" başlıklı yazısı ile birlikte On Dokuz Mayıs Üniversitesi'nin ev sahipliği yaptığı "4.Karadeniz Sosyal Bilimler Öğrencileri Kongresi" etkinliğinde yayımladığı "İhtiyaçların Manipülasyonu ve İklim Sorunları" başlıklı yazısı örnek gösterilebilir.

Halen aktif yayınlar vermeye çeşitli dijital platformlarda devam eden Oktay EMLİK, 2019 yılında ise elinizde bulunan ve ilk uzun soluklu çalışması olan "Cambazın Arzusu: Kapitalizmin Karanlık Yüzünün Anlatısı" adlı çalışmasını yayımladı.

Hayata, yaşanan ve yaşanacak olan onca şeye rağmen...

CAMBAZIN ARZUSU'NUN MANİFESTOSU

Ekonomi, paranın icadından bu yana toplumsal yaşam içerisinde var olan bir kavram olarak yer edinmiştir. Ekonomi, esas itibarıyla toplumsal yapının bir unsurundan başka bir şey değildir. Fakat Sanayi Devrimi sonrası süreçte çok önemli bir değişim yaşanmıştır. Bu değişim, ekonominin konumunu yeniden tanımlamış ve ekonomik iktisadi öğretiler, toplumlarda değer belirleyici özellik kazanmıştır. Toplumsal yapı ise iki boyut içerir. Hukuk, ahlak, felsefe, din, siyaset, sanat gibi kurumlardan oluşan üst yapı ve üretim biçim ve ilişkilerinin belirlediği iktisadi sistemden oluşan alt yapı (Aydın, 2012:9). Ekonomik bilgi dizini olarak bireylerin ve toplumların karşısına çıkan "kapitalizm" ile birlikte ekonomik değerler, toplumların değer yargılarını ve üst yapısal ilişkilerini belirler hale gelmişlerdir. Bunun sebebi, kapitalist ideolojileri barındıran şirketlerin toplumlar tarafından kolaylıkla kabul edilmiş olmasıdır. Şirketler, ölümsüz bir insanmış gibi toplumların hafızalarında yer edinmişlerdir ve bu nedenle toplumları kendi çıkarları doğrultusunda yönlendirmişlerdir. Günün sonunda bireyler, şirketlerin yaptığı eylemlerle hegemonik ilişkiler kurmuşlardır. Neticesinde ise kendi doğal yaşam pratiklerinden uzaklaşmış ve derin bir uykuya dalmışlardır. Kapitalist ideoloji, bireylere kendi şizofrenik durumunu unutturmayı başarmıştır. Çünkü bireyleri manipüle ederek onları uykuya almıştır. En nihayetinde ise bireyleri ve toplumları yeniden dizayn etmiştir. Cambazın Arzusu çalışmasında ise bu sürecin nasıl işlediği ve cambaz olarak addedilen kapitalistlerin yönlendirmeleri sorgulanmak istenmektedir.

Tüm yaşam pratikleriyle bireyi yönlendirmek isteyen kapitalizm, bireye bu eylemi nasıl unutturmuştur? Bireyler ve toplumlar nasıl bu kapitalist ütopyaya inanmışlardır? Cambazın Arzusu çalışmasının amacı, bu sorular eşliğinde, yeni bir kırılma noktası yaşayan kapitalizmin bugünkü geldiği noktaya nasıl geldiğidir. Üçüncü binyılda dünya ekonomisi yeniden şekillenirken; birey, toplum ve kültür bu şekillenmeden nasıl etkilenmiştir? Geçerliliğini 2019 yılı itibariyle koruyan kapitalist algının oluşmasına şirketlerin etkisi nedir? Cambazın Arzusu; birey-toplum-kültür-şirket ekseninde eleştirel bir yaklaşım sergilemektedir. Fakat bu çalışmanın amacı, tamamen kapitalizm eleştirisi değildir. Bu çalışmanın amacı, sosyalizm övgüsü de değildir. Veya Cambazın Arzusu çalışmasının amacı, Yeni Dünya Düzeni' ne yeni alternatifler sunmak da değildir. Aydın'ın da (2006:121) belirttiği gibi, belli bir bilgi ya da bu bilgi üzerine inşa edilmiş bir düşünce/ ideoloji ne mutlaklaştırılabilir ne de eleştiri ötesi bir konuma taşınabilir. Buradan hareketle çalışmanın sonunda nevi şahsına münhasır bir sunuş ile kapanış yapılmaktadır.

Bu çalışmanın amacı, mevcut sistemin kültürel değer yargıları üzerinde yaptığı değişimler ekseninde, zaten daha önce pek çok kez ortaya konulmuş olan, sistemin dayattığı "bilinçli tüketici" modelinin gerçek anlamda vücut bulması yolunda bir hatırlatma yapmaktır. Bu nedenle çalışmanın amacı, söylenmemiş olanı söylemek değil, söylenmiş fakat sistem tarafından unutturulmuş olan gerçekleri hatırlatmaktır.

Oktay EMLİK, Eymir Gölü - Ankara

İÇİNDEKİLER

CAMBAZIN ARZUSU'NUN MANİFESTOSU 9
İÇİNDEKİLER 11

I. BÖLÜM: HER ŞEYİN BİR KISA ÖZETİ... 13
II. BÖLÜM: YENİ BİR DÜZEN: KÜLTÜRSÜZ, SAYGISIZ... 29
    Geleneksel Kültür 29
    Tez Elden Al Demiri, Sanayi Devrimi 31
    Henüz Ortada Yok Toplum Bilinci 33
    Yukarıda Bir "Ahlak" Var; "Püriten Etik" Diyor 35
    Tam Panoptikon Gözetlerken 37
    Merhaba Fordist Dönem... 39
    Korkunç Bir Tür Savaş Durumu: II. Dünya Savaşı 45
    Bir Refah Devleti Var; Kapitalizm'e Altın Çağını Yaşatıyor... 48
    Enflasyon Azdıkça Stagflasyon Geliyor... 53
    Ne Yapsan Post-Fordist 55
    Geç Gelen Kapitalizm 58
    Neoliberal Tablo 59
    Çalışmak Çok Ayıp; Yaşasın Tüketim 61
    Pet Şişeli Modernite 63
    İdeal Dünyanın Çöpleri 65
    Kapitalizm'e Doğan Enformasyon 68
    Dünya Küreselden İbaret 70
    Uluslar Çok Sınırlıdır; Gelsin Küresel Sermaye 74
    Tüketim Yapılandırıyor Kentleri 79
    Varsın Sizin Olsun AVM Dolu Alanlarınız 82
    Bozuk Bir Kültür; En Popülerinden 86
    Gösteri Başlasın 88

II. BÖLÜM: DİPNOTLAR ... 97
Dünya Bir Sömürü Denizi ... 97
Tam Teşhisi Koymuşum: Şizofreni ... 101

III. BÖLÜM: MULTİMEGAMEDYALI BİR RÜYA ... 105
Medya Bir Şelale; İçinden Arzular Akan ... 105
Ne Kadar Ekonomik, O Kadar Politik ... 118

IV. BÖLÜM: BİR TAKIM DİĞER GÖRGÜL UYGULAMALAR ... 125
Örnek Uygulama 1: Dünyanın En Büyük Kola Markası ... 125
Örnek Uygulama 2: Özel Günler Meselesi ... 126
Örnek Uygulama 3: Bankalar ... 127
Örnek Uygulama 4: 11 Eylül ve Emperyalist Yalanlar ... 128
Örnek Uygulama 5: Sosyal Ağlar ... 128
Örnek Uygulama 6: Türkülerimiz Giderken ... 129
Örnek Uyulama 7: Alternatif Yasak ... 130
Örnek Uygulama 8: Elleri Kolları Barbie Bebek ... 131
Örnek Uygulama 9: Ne Ekersen Onu Biçersin ... 132
Örnek Uygulama 10: Sosyalist Kapitalistler ... 133
Örnek Uygulama 11: Küresel Isınma ... 134

V. BÖLÜM: YENİ BİR BAŞLANGICA DÖNÜŞ ... 135
Reklam Üstat Anlatıyor… ... 135

TEMASTA KALINANLAR ... 139

I. BÖLÜM: HER ŞEYİN BİR KISA ÖZETİ...

Yerleşik düzene geçilen günden bu yana üretim ihtiyacının oluştuğunu söylemek mümkündür. Zira yerleşik düzen ile birlikte tüketilmesi gereken bir "ürün" ihtiyacı ortaya çıkmıştır. Tüketim ihtiyaçlarını karşılamak amacıyla çeşitli üretim faaliyetlerinin geliştirildiğini ve çeşitli görüşlerin ortaya atıldığını söylemek mümkündür. Bu pek çok görüşün arasından öne çıkmayı başaran ve bugün hala hâkimiyetini sürdüren görüş ise şüphesiz kapitalizmdir. Kapitalizmin tarihine bakıldığı zaman 15.yy İngiltere'sine kadar uzandığı gözlemlenebilmektedir. Kapitalizm o tarihlerde, ekonomik tabanda bir görüş olarak ortaya atılacak ve fakat ilerleyen süreç içerisinde çeşitli gelişmelerle dünya üzerindeki toplumlarda yer edinecektir. Bugünden bakıldığı zaman, süreç içerisinde sadece ekonomik bir olgu olarak değil, ekonomik-siyasi-kültürel ve küresel bir yaşam biçimi haline büründüğü gözlemlenecektir.

Ekonomi kavramının temelinde üretim ve tüketim ilişkisinin varlığından bahsetmek mümkündür. Zira herhangi bir ürün ve/veya ürünler grubu yaşanılan toplum içerisinde tüketilmek amacıyla bir döngü içerisine girecek ve dönüşüm geçirecektir. Arada uzlaşmanın sağlanabilmesi için bir sistem entegrasyonu gerekecek ve bu sistem ekonomi olarak addedilecektir. Ekonomik düzen içerisinde yapılan eylem "ticaret" olarak adlandırılacak ve bu eylemin eyleyenleri "tüccar" olarak adlandırılacaktır. Bu ticari düzen toplumun temel ihtiyaçları ekseninde gerçekleşecek ve tüketim dinamikleri temel ihtiyaçların giderilmesine yönelik şekillenecektir. Dolayısıyla ekonomi, toplumun ticari ilişkiler kurması noktasında toplumun hizmetinde bir aracı kavram olarak tanımlanacaktır. Fakat ilerleyen süreçte ticari kapitalizm olarak kendini gösteren kapitalist sistem çeşitli değişimler geçirecektir. Bu değişimi tanımlayan Başkaya'nın (biamag; 2018) da ifadesiyle, kapitalizm öncesi üretim tarzlarında veya uygarlıklarda, ekonomi toplumun içine yerleşmişti ve onun hizmetindeydi. Kapitalizm ile birlikte, bu ilişki ters yüz olmuş ve toplum bir bakıma ekonominin hizmetine girmiştir.

Kapitalizm öncesi düzen veya pre-kapitalist düzen içerisinde üretimin sınırlı olduğu ve çeşitlilikten ziyade temel yaşamsal ihtiyaçların giderilmesi adına yapılan bir faaliyet olduğu, anlatılardan ortaya çıkmaktadır. Bu döneme hüküm süren ideolojik bakışın ise "feodalite" olduğu gözlemlenmektedir. Feodal sistemde kaynaklar ve ticaretin bir grup derebeylerinin elinde olduğu ve ticaretin, bu kişilerin keyfi isteklerine göre zorlu şartlar altında gelişmekte olduğu iddia edilmektedir. Zira ticari döngünün her aşamasında farklı vergiler ve kaynakların farklı derebeylerine orantısız olarak (o kişilerin istekleri oranında) verilmek zorunda olduğu, yoksa ticari döngünün tamamlanmasının neredeyse imkânsız olduğu saptaması, kapitalizmin tarihsel gelişmesini aktaran pek çok yazar tarafından aktarılan bir bilgi notu olarak aktarılmaktadır. Fakat ticari ve ekonomik faaliyetlerin gelişim göstermesi ve yaşanılan çeşitli diğer gelişmeler ışığında feodalitenin yerini kapitalizme bırakmak zorunda kaldığı gözlemlenmektedir. Zira Gürer'in (paratic; 2017) aktarımıyla, ticaretin de gelişmesiyle feodal sistem yerini kapitalizme bırakmıştır. Emek ve işgücü, satılmaya başlanmış, gücün adresi toprak değil para ve servet olmuştur.

Bu noktada kapitalizmin tanımının yapılması gerekmektedir. Zira "sermaye" adı altında farklı değişkenlerin var olduğu sistem olan kapitalizm, Cambazın Arzusu'nun ana nüvesini oluşturmanın ötesinde, tanımı itibarıyla feodaliteden geçişi açıklamakta ve feodalite sonrası kurulan dünya düzeninde yeni bir başkalaşım serüveninin perdesini aralamaktadır. Sermaye açısından bakılacak olursa tanımlamadan kasıt, Ertuna'nın söyleminde ifade ettiği şekil itibarıyla kapitalist sistem oluşurken "kapital" kelimesinin "üretim araçları" anlamında kullanılması ve fakat zamanla "sermaye" anlamına kaymış olması durumudur. Kapitalizmin tanımlanması ile ilgili pek çok iyimser ve eleştirel görüş ortaya konulmakla birlikte bu görüşlerin kapitalizmin ana tanımının ötesinde gelişim süreci ve uygulamalarıyla ilgili olduğu, göze çarpan bir gerçekliktir. Kapitalizmin tanımlanmasıyla ilgili olarak; Gürer, yayınladığı ilgili yazısında *"kapitalizmin kısaca tanımı, isteklerinizi sadece para ile gerçekleştirebileceğiniz hatta asgari yaşam koşullarını bile para ile sağlayabileceğiniz ekonomik sistemdir"* diyerek tanımlamaktadır. Öte yandan, Gençoğlu, 2013 yılında yapmış olduğu çalışmasında *"en basit şekliyle, büyük oranda kar elde etmek amacıyla üretime, metanın ve hizmetlerin değişimine yönelik, özel mülkiyete ve sermaye kullanımına dayanan ekonomik sistem"* olarak tanımlamaktadır (80). Ayrıca Gürer tanımlamasının devamında, bu tanımı *"çok daha karmaşık süreçleri içeren, toplumsal yaşamın her alanına nüfuz eden, toplumsal dinamikleri önemli ölçüde etkileyen hatta belirleyen ekonomik sistem"* olarak genişletmektedir. Zira bugünün modern dünyasında ekonomiden bağımsız bir politika, ticaret, sosyal yapı, siyaset ve uluslararası çıkar dengelerinden bahsetmek mümkün olmadığı gibi bu bağlantıların temelini oluşturan ekonomi ile kapitalist sistemin birlikte atfedilmediği tanımlamalar askıda kalan gerçekdışı söylemler dizisini oluşturacaktır. Bir başka açıdan uluslar ve toplumlar için kapitalizmi sadece ekonomik değil, tarihsel bir süreç olarak tanımlamak ve konumlandırmak bu ilişkinin perdesini aralayacaktır.

Kapitalizmin tarihine bakıldığı zaman, işleyen sürecin feodallere karşı ayaklanmalar ile gelişim gösterdiği söylenebilir.

Piyasa koşullarını, toprak egemenliği sayesinde istediği şekilde biçimlendiren feodaller 15. yüzyıl ortalarında güç sarsıntısı yaşamışlardır. 16.yüzyılda zayıflayan feodallere karşı krallar güçlenmeye başlamışlardır. Ancak bu gelişme, kapitalizmi ortaya çıkarma gücüne sahip değildir. Kapitalizmin ilk aşamasını mümkün kılan gelişme, kralların güçlerini artırmak amacıyla coğrafi keşiflere destek vermesiyle ortaya çıkan sömürgeciliktir (Gençoğlu, 2013:85). Ki bugün halen sömürgecilik anlayışı, kapitalizm kurallarının başında gelir. Çünkü kapitalizmin öngördüğü düşünce kar maksimizasyonudur. Dolayısıyla ucuz hammadde ve enerji ile düşük maliyetli üretim sayesinde en yüksek kar oranının sağlanacağı düşünülmektedir. Aslında kapitalizm, temelde 4 ana unsur üzerine inşa edilmiştir. Beraberinde getirdiği tüm söylem ve eylemler, bu unsurların alt yapısını sabitleştirmek ve kapitalizm çatısının işler kılınmasının sağlanması ile birlikte, çökmesinin önüne geçmek içindir. Kapitalizme ilk zamanlarda hâkim olan merkantilist görüştür ve bu unsurlar o günden bu zamana dek gelmiştir. Merkantilist fikirler, kapitalizmin yapı taşı olan maksimum karı elde etme felsefesinden yola çıkarak ticari standartları ortaya çıkarmışlardır.

Süreç içerisinde coğrafi keşifler ve diğer gelişmeler neticesinde devletler bir konumlandırma ve benlik problemi olarak sömürgeciliğe yönelmişlerdir. Diğer bir deyişle, dünya üzerinde gelişmekte olan sistem içerisinde yer edinmek istemişlerdir. Bu durum, kapitalizmin gelişimine katkı sağlamıştır. Sömürgeciliğin kabullenişi ile birlikte yeryüzünün zenginlikleri ve keşfinin kaynak olarak aktarımının yapılması kapitalizmin kabullenişini sağlamıştır. Gençoğlu'nun da (2013:82) değindiği şekilde, klasik kapitalizmin büyük bilginleri, sömürgeciliği yer yüzünün doğal gerçeklerinden biriymiş gibi kabul etmişler ve bunun gelişmiş ülkeler açısından sağlayacağı ilerlemeyle uğraşmışlardır. Dolayısıyla, bu söylemden yola çıkarak bu durumun kapitalizmin kabullenişinin ana faktörü olarak adlandırmak yanlış olmazsa gerek.

Sömürgeciliğin bir yaşam biçimi olarak kabullenişinin neticesinde kapitalizmin yayılımı hızlanmış ve beraberinde kavram ve kurumları değişim geçirmiştir. Tarım toplumunda hüküm süren feodalite tarih sahnesinden silinme noktasına gelmiştir. Sömürge savaşları doğrultusunda yaşanan teknolojik gelişmeler emek ve sermaye ilişkisini top yekûn değiştirmekle birlikte yeni bir çağ başlatma olanağı bulmuştur. Özellikle 16. yüzyıl aydınlanmasının ardından yaşanan Sanayi Devrimi ile teknoloji, piyasa koşullarına hüküm sürmeye başlamış ve onu elinde bulunduran devletler ve/veya şirketler daha rahat hükmetme imkânı bulmuşlardır. Bu noktada Gürer'in (paratic, 2017) ifadesiyle Sanayi Devrimiyle daha rahat uygulama alanı bulan kapitalizm, buharlı trenlerle tüm Avrupa'ya taşınmıştır. Endüstri Devrimi olarak adlandırılan Sanayi Devriminin pek çok etkisi olmuştur. Demir yolları ile başlayan sanayileşme sürecinde gerek kapitalizm yeni bir anlayış kazanırken gerek dünya yeniden şekillenmiştir. Artık, küresel iletişim, ulaşım vb. ağların gelişmesi sürecine girilmiş ve küreselleşme dediğimiz dönemin kapısı aralanmıştır. Küreselleşme algısı kapitalist piyasada daha sonra yayılmacılık olarak algılanacaktır. Öte yandan, Babacan ve Onat'ın belirttiği üzere, kapitalist ekonominin evrensel boyutlarda genişlemesi ve Endüstri Devrimi sonrası döneme özgü sınıflı toplumsal yapılanma, modern dönem olarak adlandırılan ekonomik ve sosyal bir yapıyı ortaya çıkarmıştır (2002:12). Endüstri Devrimi ile birlikte kapitalizm felsefesine yön veren merkantilist anlayış, yerini sanayi kapitalizmine bırakmaya başlamıştır. Zira makineleşme, üretim ve diğer yapılanmalarda sanayi etkisi, giderek artan bir şekilde kendini göstermiştir. Ki sanayileşme, kapitalizmin hızlanması olarak yorumlanabilir. Zira doyumsuz sermaye anlayışına sahip olan kapitalistler, üretime hız kazandırmış ve kapital düzeni yeni bir boyuta taşımışlardır. Ki Tutan'ın da (2013:777) ifade ettiği üzere, kapitalist üretim sistemi, ihtiyaca yönelik üretim yapmak yerine, pazara yönelik üretim yapmayı amaçlayan bir üretim sistemidir. Dolayısıyla, tek hareket noktası ve aslında temel sorun, üretim tüketim çarkının işler kılınması ve tüketim hevesinin sönmesine izin verilmemesidir. Üretimin artması temelinde kullanılan teknolojik cihazlar aynı zamanda toplumda yeni anlayışlar ortaya çıkarmıştır. Teknolojinin gelişmesiyle yeni üretim tarzları kendini göstermiştir. Dolayısıyla, Başkaya'nın da (biamag, 2018) belirttiği haliyle, yeni teknolojiler hem kapitalist yayılmayı kolaylaştırmıştır hem de emek-sermaye ilişkisini yeniden biçimlendirmiştir. Emek sermaye ilişkisinin biçimlenmesiyle tarıma dayalı, pre-kapitalist toplumlarda feodallerin elinde olan mülkiyet hakkı, sermaye sahiplerinin eline geçmiştir.

Emek sermaye ilişkisine yön veren kapitalistler, diğer bir deyişle burjuva sınıfı bu gücü elinde bulundurmalarına rağmen tarih sahnesinde tüm bu gelişmelerin yaşandığı dönemlerde, toplumların yönetimlerinde söz sahibi değildirler. İşte bu noktada gerek kapitalist düzenin gerekse dünya nizamının yeniden şekillenme ve inşasını sağlayacak olan Fransız Devrimi gerçekleşecektir. 1789 Fransız Devrimi, Canatan'ın da (serenti.org, 2019) aktarımıyla, feodalizmden kapitalizme geçiş kapsamında bir "sosyal devrim" ama bundan da öte, bu geçişin tüm gerekliliklerinin zamanında ve en tam olarak yerine getirildiği bir politik devrim olarak nitelendirmek doğru olacaktır. Zira en temel noktada, elindeki kozu güçlenen burjuva sınıfının yönetimde söz sahibi olma arzusu, toplumsal bütünlük kazanmıştır. Ve fakat toplumsal değerlerin söylemlerini ortaya koyan Fransız Devriminin öne çıkan vurguları olan mülkiyet, demokrasi gibi kavram ve değerler kapitalist piyasada anlam kayması yaşayacaktır. Bu noktada şu yorumu yapmak yanlış olmayacaktır. 15.

yüzyıl ortalarından itibaren kapitalizm, 18.yüzyıla kadar çeşitli yöntemlerle ilerlemiş ve fakat Fransız İhtilali ve burjuva sınıfıyla yeni bir boyut kazanmıştır. Ki zira Başkaya'nın da (biamag, 2018) ifade ettiği üzere, 1800'lü yılların başında kapitalizm, merkantilist anlayıştan sanayi kapitalizmine geçiş yapmıştır. Ekonomik plandaki yeniliğe siyasal planda burjuva devrimlerinin itmesiyle yeni bir siyaset anlayışı eşlik etmiştir. Bu siyasal anlayışa "piyasa demokrasisi" denilebilir. Ve bu kavram, demokrasi literatürüne yeni bir kazanım sağlarken aynı zamanda Fransız İhtilali'nin savunduğu demokratik değerlerin pratik alanda ve uluslararası arenada geçirdiği değişimleri tanımlamak için kullanılmıştır.

Tabi ki dipnot geçilmesi gereken nokta bu konumda tüketicidir. Çünkü Sanayi Devrimi ve Fransız İhtilali arasında geçen sanayileşme döneminde toplumlarda kentleşmeler başlamıştır. Dolayısıyla sanayi toplumu – modern toplum gelişim göstermiştir. Öte yandan, başka bir perspektiften bakılacak olursa modern toplumda üretici ve tüketici rolleri de değişim göstermiştir. Dolayısıyla 17-18-19. yüzyıllarda yapılan savaşlar ve sömürgeciliğin siyasal yansımalarının değişen sosyal yapıyla birlikte meşrulaştırılmasına kapitalizm veya kapitalist ekonomi anlayışı demek mümkün görünmektedir.

Tüm bu gelişmelerin ışığında, dünya ekonomisinde yerini sağlamlaştıran kapitalizm, keşifler ve ticari faaliyetlerin de oldukça gelişmesiyle bir avuç küresel tekelin elinde yeniden şekillenmiştir. Ki zira demokrasi, uluslararası hukuk vb. olgu ve değerler ekseninde kendini garanti altına alan sistem, dünyanın kaynaklarının bir merkezde toplanması paydasında gelişimine devam etmiştir. Küreselleşme/ yayılmacı/ emperyalist olarak yoluna devam eden kapitalizmin en önemli özelliği, Ertuna'nın aktarımıyla mal ve hizmetlerin ülkeler arasındaki ticaretinde tüm engellerin kaldırılmasıdır. Fransız İhtilali sonrasında kapitalizm, bir ideolojik görüş olarak bu konuda yerini sağlamlaştırmıştır. Emperyalizm kavramının incelenmesi yapıldığı zaman ise karşımıza 1800'lü yıllar çıkmaktadır. Emperyalizmin 1800'lü yılların başında doğan bir kavram olduğu görünmektedir. Konuyla ilgili olarak Tutan'ın (2010:7810) aktarımına göre, 1870'lerin başında ekonomik kriz yaşanmış ve bu krizi analiz eden Hobson, kapitalist üretim sisteminin emperyalizm sürecine geçişini incelerken tüketim ile üretim arasındaki ilişkinin küreselleştiğine dikkat çekmiştir. Aynı çalışmada 1870'lerde kapitalizmin emperyalizm çizgisine girdiği kabul edilir. Bu noktada bahsi geçen husus olan kriz kavramı kapitalizmin ana besin kaynaklarından biridir ve ilerleyen bölümlerde irdelenecektir.

Kapitalizmin küreselleşmesi, emperyalizm olarak yer edinmesi ve gelişim göstermesi sürecinde ürün kavramının büyük etkisi olmuştur. Tüm yaşanan siyasal, ideolojik, ekonomik gelişmeler paralelinde ilerleyen serbest piyasa ekonomisi 2 ana değerler dizisi geliştirmiştir. Bunlar Ertuna'nın aktarımıyla, mal ve hizmet algısının değişmesi ile mal ve hizmetlerin fiziki ve fiziki olmayan yapılarının ayrı ayrı üretilmesidir. Serbest piyasa ekonomisinin temel savunucuları ise liberal söylemler olmuştur. Liberalizmin tanımına bakmak gerekirse, özetle "yayılmacı" olarak tanımlamak mümkündür. Liberal söylemlerin temel özelliği, serbest piyasa ekonomisinin hiçbir şekilde kesinti ve sekteye uğramamasının gerekliliğidir. Aslında ayrıntılara bakıldığı zaman, liberal söylemlerin emperyalizm çatısı altında çıktığını iddia etmek mümkündür. Başkaya'nın (biamag; 2018) altını çizdiği şekilde 19. yüzyılda Dünya, ekonomik arenada yeniden şekillenmiştir. Dünyada lüks olarak sınıflandırılan mallar değil, tarım ve hammadde ürünleri yaygın ticarete dönüşmüştür. Dolayısıyla karteller ve büyük tekeller, dünya pazarına hükmetmeye başlamıştır demek yanlış olmazsa gerek. Bu noktadan hareketle, dünya ticaretinin büyük bölümünü elinde bulunduran ve dünya siyasetine yön veren çok uluslu şirketlerin özgürce herhangi bir ülkenin piyasasına girmesi ve o piyasada söz sahibi olmasının kolaylaştırılması adına liberal söylemlerin, bir propaganda aracı olarak ortaya çıktığı söylenebilir. Ki zira bu duruma 20. yüzyılda birleştiği iddia edilen ve tarihe "7 Kız Kardeş" olarak geçen petrol karteli ve dünya üzerindeki petrol yataklarında bulunan ülkelerin siyasal ya da sosyal yaşam normları, bariz bir örnek olarak ortadadır. Bu duruma ek olarak Kotil'in 6 Aralık 2018 tarihli Akıl Oyunu programında değindiği üzere, Mardin'den Suudi Arabistan'a kadar olan Orta Doğu coğrafyasında bir petrol denizi olduğu ifade edilmektedir. Bu bilginin ekseninde bugün, bahsi geçen topraklar üzerinde yer alan ülkelerde ise her anlamda kapitalist pazarın tüm tipik özelliklerine rastlanılmaktadır.

Emperyalizm ve liberal söylemlerin nüvesini oluşturan söylem şüphesiz küreselleşmedir. Küreselleşme, esas itibarıyla bir çağ, bir dönem olarak görülmekte ve tabiri caizse aşırılıklar çağı olarak adlandırılmaktadır. Zira küresel dünyanın kapitalizm ve pazarlama açısından en önemli iki olgusu, hız ve rekabettir. Küreselleşmenin kaçınılmaz bir gerçeklik olduğu, liberal söylemler tarafından sıkça tekrarlanmaktadır. Şen'in de (2008:149) ifade ettiği üzere, insanlık tarihinde yeni bir çağ, yeni bir devrimsel kırılma olarak görülen küreselleşmenin ortaya çıkardığı büyük boy değişim ve etkileşim, seçme şansı veya arasında kalma imkânı tanımayacak derecede açık sonuçlar ortaya çıkardığı ileri sürülür. Ekonomik bloklara, askeri kamplara, rakip ideolojilere bölünmüş geçmişin haritasının silikleşmesi neticesinde tek ideoloji olarak liberalizm, tek siyasi görüş demokrasi, tek ekonomik sistem olarak kapitalizm ve serbest piyasa ekonomisinin egemenliği ve alternatifsizliği vurgulanır. Bu söylemler, emperyalist sisteme kapı açan liberalizmin temel söylemleri olarak adlandırılmaktadır. Fakat piyasa demokrasisinin varlığının olduğu yerde bu söylemlerin gerçekliğinin sorgulanması gerekir. Bu söylemler neticesinde ve noktasında tek bir merkezi yerden yönetilen, tek bir küresel devlet olma ütopyasını barındıran ve ekonomi merkezli olmanın ötesinde yaptırımları bulunan emperyalist düşünce, ulusların ekonomisinde rahatlıkla ve istediği şekilde değişimler yapabilmektedir. Bunun yolu da üretim-ticaret ve finansman ağlarıyla birlikte çok uluslu veya çok kültürlü yatırımlardan geçmektedir. Bu noktada emperyalizm, öz olarak ifade edilirse, vahşi kapitalizmin 21. yy girerken ortaya çıkan yüzüdür (Şen; 2008:151). Liberalizm için ise emperyalizmin amaçlarına hizmet eden bir yalancı bahar ütopyasıdır denilebilir.

Başka bir perspektiften bakacak olursak, kapitalizm için modern ve kusursuz bir dünya resmi çizen liberal söylem savunucularına karşı çıkan çeşitli görüşlerde vardır. Bu görüşlerden bariz olarak tanınan ve bilineni Marksist görüşlerdir. Marksist görüş liberalizmin ideolojik dolgusuna "propaganda" aracı olarak bakmaktadır. Dolayısıyla, küresel pazar ve piyasa ekonomisine bağlı kapitalist toplumun bir ütopyadan ibaret olduğunu ve kapitalist felsefenin yapı taşlarının, üzerine oturduğu düzlemin kaygan olması nedeniyle sonuca yani kar maksimizasyonuna ulaşamayacağını savunur. Diğer bir deyişle, Şen'in (2008:151) ifade ettiği üzere, gelişmiş-zengin ülkelerin, çok uluslu şirketlerin, büyük sermayenin dünyayı kendileri için sınırsız pazar ve karlarını artırmak için propagandasını yaptıkları yeni bir sömürü yöntemi, siyasal proje ya da ideolojik tahakküm aracı olduğunu ileri sürerler. Buradan hareketle, küreselleşmenin ve piyasa serbestliğinin güzellemeler ve methiyeler eşliğinde sunulmasının altında çeşitli ideolojik sapkınlıkların var olduğu iddia edilebilir. Ki özellikle küreselleşme söylemi, enerji kaynaklarına ulaşımda bir bahane olarak, çok uluslu şirketler veya diğer adlarıyla küresel finans aktörleri tarafından kullanılmaktadır. Zira kapitalist sistemin temelde kendini geliştirdiği tüketim madalyonunun öteki yüzü üretimdir ve üretim için enerji ve hammadde ihtiyacı aynı oranda hâsıl olmaktadır. Aynı zamanda kapitalist düzende küresel aktarım, finans aktörlerinin elini güçlendirmiştir. Marksist felsefenin karşı çıktığı görüş olarak liberaller, temel düzlemde Gençoğlu'nun (2013:89) ifadesiyle, kara dayalı bir sistem olarak kapitalizmi, toplumsal refahın en yüksek seviyeye yükseltme potansiyeline sahip bir sistem olarak görürler. Ve mevcut aksaklıkları da serbest piyasa ve rekabet koşullarının oluşturulamamasına bağlarlar.

Oysa Marksist görüşün karşı çıkma sebebi daha derinde yatmaktadır. Marksist görüş, kapitalizmin birey üzerinde yoğun hegemonya kurduğunu ve fakat kendi sistem dinamikleri içerisinde bireye biçtiği rollerden dolayı sistemin başarılı olamayacağını savunur. Dolayısıyla bireyin refahı sağlanamayacağı için toplumsal refah ve gelişme söylemleri onlara göre askıda kalmaktadır. Kapitalist sistem, toplum değil bireye yöneliktir ve dolayısıyla bireyin üretim ve tüketim sürecinde tanımlanmasının arasındaki eşitsizlikten dolayı sistem sekteye uğrayacaktır, diğer bir deyişle kaçınılmaz olarak krizler yaşanacaktır. Bu noktada Babacan ve Onat'ın (2002:13) aktardığı şekilde, bireyler üretici ve tüketici rolleriyle yeni pazarlar oluşturmakta ve tüketim kalıpları da hızla değişmektedir.

Bu hızlı değişim perspektifinde bireyler tüketici rollerinde el üstünde tutulurken üretici rollerinde sadece kar maksimizasyonu hesabına giren bir değer ölçüsü olarak sınıflandırılmaktadır. Oysa iş tüketime geldiği zaman, satın alma hevesinin canlı tutulmasının istendiği bir değerdir. Yani aslında üretici olarak değer değilken, tüketici olarak değerdir. O zaman şu sorunun sorulması gerekir. Üretim, dolayısıyla kazanç bağlamında değersizken tüketimi nasıl gerçekleştirecektir? İşte bu soru, kapitalist sistemin ana çıkmazını oluşturmaktadır. Fakat kapitalizme iyimser yaklaşım sergileyen görüş ve akımlar bu soru ile ilgilenmekten sakınmışlardır.

Kapitalizmde birey hedef tahtasındadır. Ona göre, bireyin refahı toplumun refahını arttıracaktır. Ve artık modern toplum vardır. Birey tüketici rolüyle mutluluğu ve refahı sağlayacaktır. Tüketimin süreklilik arz eden bir silsile olması kapitalizmin ana isteğidir. Bu isteğin cevabı modern toplumdan gelecektir. Tüketim unsurları etrafında şekillenen modern toplumda ürün odaklı ilişkiler yeşerecektir. Dolayısıyla ürün bir mübadeleye konu olacaktır. Burada Gençoğlu'nun da (2013:91) değindiği üzere, söz konusu ürün bir meta olarak metafizik bir biçim alır ve bu onun kullanım değerinden kaynaklanmaz. Çünkü bir şeyin meta olması onun mübadele konusu olduğu anlamına gelir, başka bir deyişle, meta mübadele için üretildiğinden toplumsal bir ilişkinin konusu haline gelir. Buradan hareketle, ürün kullanımının bir dizi toplumsal roller getirdiği ve mantık kurallarına aykırı bir şekilde sanal bir değerin oluştuğu söylenebilir. Ürüne yönelik, zihinlerde yaratılan imajlardan hareketle metalaşma gerçekleştirilmiştir. Oysaki asıl ürün fiyatında belirleyici olan şey, o ürüne karşı verilen emek olmalıdır ve bu değerle ölçülmelidir. Fakat kar maksimizasyonunu öngören sistemde emek tam manasıyla içi boşaltılmış bir kavram olarak karşımıza çıkmaktadır.

Tüm bu düzleme paralel olarak, sistemin odak noktasındaki bireye sanal ve yapay bir mutluluk yaşatılır. Bu mutluluk, emek-değer-toplum ilişkisinden kopuk bir mutluluktur. Ertuna'nın değindiği şekliyle, birey sistemin odak noktasıdır, birey rasyoneldir, birey kendi mutluluğunu ençoklamaya çalışır. Etrafındakiler onun karar mekanizmasında yer almazlar. Dolayısıyla kapitalizmde yalnızlaştırma ve bireyin tüketerek mutlu olabileceğine inandırılması vardır demek yanlış olmazsa gerek. Sonuçta bir soyutlama mevcuttur ve birey soyutlandığı şeylere özlem ve haz duyar. Fakat kapitalist modern dünya, bireye kavuşması için izin vermez. Bunun yerine tüketerek ani mutluluk ve hazlara sahip olma yoluna iter.

Gel gelelim, günün sonunda tüketici rolünde bu ve benzeri birtakım olaylar ve gelişmeler silsilesi etrafında tüketim ile hayatı şekillenen birey üretici rolündeki durumundan ötürü bu hayalî tüketim evreninin tamamlanması konusunda en büyük engeli oluşturmaktadır. Bu engel kriz olarak tanımlanmaktadır. Tutan'ın da (2010:786) aktardığı üzere, kapitalizmin küresel etki alanı genişledikçe üretim ile tüketim arasındaki dengesizlik daha da büyümekte ve bu dengesizlik sonucu krizlerin ortaya çıktığı görülmektedir. Küresel ekonomiler, üretim kaynakları, enerji kaynakları vb. giderler ve üretim maliyeti düştükçe tüketici olarak hedeflenen ve üretim noktasında geliri düşürülen bireyin, ürün çeşitliliği ve ulaşım kolaylığına rağmen alım gücünün azaldığı söylenebilir. Ki zira adı geçen eserde belirtildiği üzere, Hobson'a göre, kapitalizmin asıl sorunu gelir eşitsizliği yaratılması ve bunun sonucunda doğan üretim ile tüketim arasında dengesizlik çıkmasıdır(age; 781)

Öte yandan, 1870'ler, 1929 Büyük Buhran, 2001 gibi krizler incelendiği zaman krizlerin daha önce yaşanan krizlerden kaynaklı olarak geliştiği göze çarpmaktadır. Başka bir deyişle, daha önce yaşanmış olan bir krize geçici, kalıcı olmayan bir çözüm üretildiğinden ötürü söz konusu krizin gerçekleştiği söylenebilir. O zaman şu sorunun sorulması gerekir. Kapitalizm, krizlerden mi beslenmektedir?

Eğer kapitalizm krizlerden besleniyor ise ve kendini daim kılmak açısından sürekli ve gelişerek devam eden krizlere ihtiyaç duyuyorsa, bunu en kolay yoldan uluslararası nizamı tahsis eden ülkeler üzerinden siyasal olarak gerçekleştirir denilebilir. Ki hatırlatmakta fayda olan başka bir nokta da kapitalist ütopyanın varlığını devam ettirmesi için sınırsız enerji ihtiyacına cevap bulması gerekmektedir. Ve bugün, halen devam eden en güncel ve yoğun enerji kaynaklarını fosil yakıtlar oluşturmaktadır. Dolayısıyla tüketimi devam ettirmek ve üretimi sürdürmek adına enerji kaynaklarına ulaşımın ve serbest piyasada dolaşımın özgür kılınması gerekmektedir. Bu noktada I. ve II. Dünya Savaşları bariz örnekler olarak karşımıza çıkmaktadır. Bugün dâhil tüm çalışmaların ana sebebi enerji olmakla birlikte savaşlarda, uluslararası finans aktörlerinin cebine giren para artmaktadır. Unutulmamalıdır ki, tüketim sadece gıda ürünleriyle sınırlı bir eylem değildir. En nihayetinde Fransız Devrimi ile kapitalizm siyasal bir tanım kazanmıştır. Kapitalizmin söylemi bellidir. Kar maksimizasyonu yolunda yapılması gereken yapılmalıdır. Cambazın Arzusu kapsamında kapitalizmin siyasal düzlemde genişlemesi detaylandırılmayacaktır ve bu bölüm bir bilgi notu olarak aktarılmıştır. Zira Cambazın Arzusu'nun ana temasını, pazarlama faaliyetleri temelinde kapitalizm-birey-toplum-kültür ilişkisi oluşturmaktadır.

Kapitalizmle ilgili olarak cevaplanması gereken bir diğer soru ise, yıkıcı bir etkiye sahip olan bir ideolojik akım, kapitalizme karşı olarak gelişme göstermemiş midir? Kapitalizm, bugün olduğu gibi modern toplum içerisindeki ilişki biçimlerini yeniden şekillendirmesi özelliği ile bireyi silikleştirmeyi ve söndürmeyi başarmıştır. Esasında bireyi sömürmeye başlamıştır ve bireyi bu duruma rıza göstermeye teşvik etmektedir. Özellikle Şen'in (2008:156) ifade ettiği şekliyle bir rakip ideoloji olarak reel sosyalizmin, bir model olarak Sovyet sisteminin ortadan kalkması, rakipsiz bir ideoloji olarak kapitalizmin küresel haklılaştırma ve ideolojik üstünlüğünü belirginleştirmiştir.

Peki, kapitalizm insanları rızaya gerçekten teşvik etmiş midir? Bir pazar, piyasa oluşturulması ve ürünlerin satılması adına yapılan çalışmalar ne kadar acımasız olabilir? Kapitalizm ile hukuk kavramları hangi boyutta yan yana gelebilir? Evet, kapitalizm, piyasa demokrasisinde bir suç değildir. En nihayetinde görüntüde ve göstergelerde tüketim faaliyeti rızaya dayalı olarak yapılmaktadır. Fakat bu tüketim ihtiyaçtan doğan bir tüketim olmaktan çıkmış durumdadır. Dolayısıyla görüntünün yanıltıcılığı ortadadır. Modern dünyada bu rıza çeşitli kültürel ve hegemonik ilişkiler silsilesi içerisinde bilinçdışı olarak, birtakım elitler tarafından çeşitli çıkar aşamalarında ve alanlarında kullanılmak üzere adeta dayatılmaktadır. Çünkü kar maksimizasyonuna giden yolda oluşturulan bilinç ile artık tüketim olgusunun kendisi bir ihtiyaç haline gelmiştir. Bu bilinçdışı oynama ile kapitalistler ve hegemonik ortakları liberaller, toplumları çıkarlarınca kullanmak için hukuki zeminde yer bulamasa da ahlaki ve vicdani olarak kolektif bir yanlışa itmişlerdir. Dolayısıyla herkes bu yanlışa ortak olmuştur, çoğu zaman farkında olmadan. Kolay ve pratik yoldan tüketim felsefesinin yerleştiği toplumlarda bariz bir şekilde bu durum kendini göstermektedir.

Dolayısıyla, bugün bakıldığı zaman pazarlama adı altında yapılan ve masumiyet karinesi üzerinden deyim yerindeyse şirin gözüken pek çok uygulama tek bir amaca hizmet etmektedir. Bu amaç şüphesiz, tüketimin ama daha fazla tüketimin gelişim göstermesidir. En nihayetinde üretim tüketim çarkının işler kılınması kapitalistler için başat faktördür. Söz konusu bu noktada pazarlama için kapitalizmin en güçlü silahı tanımlamasını yapmak yerinde olacaktır. Zira pazarlama adı altında yapılan tüm çalışmalar kapitalist ekonomik sistemin devamlılığını sağlamaktan başka bir etkin faaliyet değildir. Tabi ki pazarlama çok geniş bir kavram ve olgudur. Kendi içerisinde bir bilim dalıdır ve pek çok diğer bilim dalı ile ilişkilidir. Fakat görünen resmin geniş odaklaması, Cambazın Arzusu'nda buraya kadar anlatı bölümü oluşturmaktadır. Cambazın Arzusu'nun diğer bölümlerinde ve devamında ise çeşitli pazarlama faaliyetlerini çıkarları için kullanan kapitalizmin, toplumları ve temel hedef bireyi nasıl tüketime yönlendirdiği üzerinde durulacaktır. Aynı zamanda, dünya üzerinde var olan toplumları kendine bağladığı zincirin tüm halkalarına değinilmeye çalışılacaktır. Bu yolla, kapitalist ideolojinin sarmalı gün yüzüne tekrar çıkartılarak, bireye hatırlatılmaya çalışılacaktır.

II. BÖLÜM: YENİ BİR DÜZEN: KÜLTÜRSÜZ, SAYGISIZ...

GELENEKSEL KÜLTÜR

İnsanlar, yerleşik hayata geçtikten sonra bir arada yaşamaya başlamışlardır. Bu birliktelikler, tarih sahnesinde "toplum" olarak adlandırılmıştır. Çeşitli toplumların bir arada yaşayan bireylerinin tarihsel birikimleri ve bu birikimlerinin sonraki kuşaklara aktarılması ve ilgili kuşaklara yaşatılmasıyla da gelenek/örf-adetler oluşmuştur. Bu gelenek ve yaşam biçimlerinin toplam yekününe ise "kültür" denilmiştir. Kültür, "geleneksel" olarak adlandırılan, Sanayi Devrimi öncesi toplumlarda davranış kalıplarını şekillendiren bir algı makinesi konumunda olmuştur. Özüçetin'in (2017:327) ifadesiyle kültür, toplumları tarih boyunca bir arada tutan, iç bütünlüğünü sağlayan, "biz" olgusunu oluşturup, pekiştiren ve diğer toplumlara karşı davranışların temelini belirleyen bir kavram olmuş, tarihsel bir süreç içerisinde meydana gelmişlerdir.

Kültürel değerler bir anda oluşan şeyler değillerdir. Oluşumu, kabullenişi ve aktarımı yüzyıllar alan normlardır. Dolayısıyla kültür kavramı, tarihsel bir perspektif dışında incelendiği zaman eksik kalan yönleri mutlaka olacaktır. Bir başka açıdan kültürün en temel özelliği ise, şüphesiz bir ihtiyaç etrafında şekillenmesi ve bir ihtiyaçtan ötürü oluşmasıdır. Örneğin, yemek bir ihtiyaçtır ve toplumların yemek kültürü, fiziki olarak ilgili coğrafyada yetişen meyve-sebze gibi coğrafyaya özgü beslenme kaynaklarına göre şekillenmektedir. Burada dikkat çeken nokta, geleneksel olarak addedilen kültürün taşıyıcı bireyleri, doğanın sunduğu ile yetinme ve tevazu gösterme eğiliminde olmuşlardır. Dolayısıyla bu anlayış, geleneksel toplumun üretim-tüketim ve yaşam pratiklerine karşı olan yaklaşım ve uygulama biçimlerini de ortaya koymaktadır.

Buradan hareketle, geleneksel toplumlarda gözlemlenen bu değer yargılarının birer ahlaki boyutunun da olduğunu söylemek mümkündür. Bu nedenle, kültür ve ahlak kavramlarının arasında bir bağın olduğunu söylemek yanlış olmayacaktır. Söz konusu açıdan Çoşgun (2012:837), "kültür, bir milletin kendine ait dil, din, ahlak, hukuk, estetik, ekonomi, bilim ve düşünce hayatının uyumlu bütünüdür. Toplumun yaşamını düzenleyen değer, inanç, yasa, örf ve adetler ile ahlak kuralları, kültürü oluşturur" tanımlamasını yapmaktadır.

Söz konusu tanımlamada geçen "uyumlu bütün" terimini "kolektivite/kolektif bilinç" olarak yorumlamak mümkündür. Zira geleneksel toplumun göze çarpan en temel özelliği, bu kolektif bilincin oluşmuş olmasıdır. Bu kolektif bilinç, bugünün "ben" merkezli modern insanına nazaran "biz" merkezli bir söylem ve uygulamalar dizisini, toplumların yaşam biçimi olarak kabul ettirmiştir. Aslında, tam olarak kendisi de süreç içerisinde kültürün içinden çıkmıştır. Tabii ki, bu birliktelikte ihtiyaçlar neticesinde şekillenmiş ve gelişim göstermiştir. Başka bir açıdan ise dönemin yaşam pratiklerinin zorunlu bir gereği olarak da bakmak mümkündür. Ahlak, bunu öğütlemektedir.

Geleneksel toplumlarda bu birliktelik / kolektivite anlayışı tüm faaliyetlerde kendini göstermiştir. Ekonomi, yaşam, eğlence vb. kalemler bir bütün olarak kendini göstermektedir. Örneğin, geleneksel toplumdan bugüne kadar gelen, düğünlerin hasat zamanının sonuna getirilmesi eylemi, bunun göstergesidir. Şöyle ki, hem hasat sonu maddi kaygı yaşamadan hem de yorgunluğunu atmak ve eğlenmek amaçlı toplumlar, toplu düğünler yapmışlardır. Bu gelenek, kent dışı/ kırsal kesimlerde az da olsa devam etmektedir.

Tabii ki, geleneksel toplumda çalışma ve kazanç-emek ilişkisi mevcuttur. Fakat bu olgular, geleneksel toplumda yaşamın parçalarıdır. Toplumun temel belirleyicisi konumunda değillerdir. Şentürk'ün (2008:223) deyimiyle, sanayileşmeye kadar ki toplumlarda elbette üretim, tüketim, emek, çalışma kavramlarına karşılık gelen bir ekonomi olgusu mevcut olmuştur. Ancak bu ekonomide ne bir aşırı kar kaygısı ne de ekonomisi yaşamın merkezinde olan piyasa yapılanması vardır.

Geleneksel topluma özgü bu normlar, kentleşmenin baş göstermesi ve onu tetikleyen Sanayi Devrimi sonrası topyekûn değişim gösterecek ve bugüne dek tüm kırılmalara rağmen gelebilen kapitalist piyasanın boyunduruğu altına girecektir. "Tüketim ama ne olursa olsun daha fazla tüketim" anlayışı, kapitalizm tarafından detayları ilerleyen bölümlerde anlatılmakla birlikte, toplumların hafızasına yerleşecektir. Fikirler, milli ve manevi değerleri bozulan fert ve cemiyetlerin, kişi ve milletlerin ise düzelmelerinin, kendilerini toparlamalarının çok zor bir iş olduğu görülmüştür (filozof.net, 2018).

TEZ ELDEN AL DEMİRİ, SANAYİ DEVRİMİ...

16. yüzyıl aydınlanması olarak adlandırılabilecek Rönesans ve Reform hareketlerinin hemen ardından yaşanan ve dünya tarihinde yeni bir kırılma noktası olarak kabul gören gelişme Sanayi Devrimi'dir. Sanayi Devrimi'nde, Aydınlanma döneminin de etkisi olmuştur. Sanayi Devrimi ile birlikte kapitalizm, başta tüm Avrupa olmak üzere pek çok topluma pek çok sebeple taşınmıştır. Sanayi Devrimi, "modern dünyanın" kapılarını aralayan bilimsel bir gelişme olarak görülmektedir. Fakat ötesinde, tarih sahnesinde tüm bilimsel ve teknolojik ilerlemeler, gücü elinde bulunduranlarca kullanılmış ve toplumlar bu şekilde yönlendirilmiş, yetinmekle kalmayıp bu güç sahiplerine

bağlanmışlardır. Bu noktada kapitalizmin kendisi ise güç sahiplerine bağlanma yolunu kolaylaştırıcı bir aracı olmuştur. Sanayileşmenin başlangıcına kadar toplumsal yaşamın sadece bir ögesi olan ekonomi, bu tarihten itibaren insan ilişkilerinde belirleyici etkinliğini daha da arttırmıştır (Şentürk; 2008:221). Ekonominin uygulanış modeli olan kapitalizm, bu noktadan sonra elindeki kozu güçlendirerek gelişmeye devam etmiştir.

Oluşan ve gelişen her teknolojik gelişmenin toplumlarca kullanılmasıyla birlikte o gelişme, toplumların kültürü tarafından kabul görmektedir. Dolayısıyla, her yenilik olarak sunulan ürün veya hizmet bağlamında gelişmenin kültürel bir karşılığı olmaktadır. Bu karşılık genellikle, önce kabul gören, sonrasında o kültürel yapının biçimini yeniden şekillendiren bir biçimde gelişmektedir. Bunun en bariz örneği günümüz televizyon ve internet ortamlarıdır. Geleneksel toplumlarda "eğlence/aktivite" uygulamalarının (-ki Türk toplumlarında Orta-Oyunu gibi) karşılığı olarak televizyon/internet yerini almıştır. Dolayısıyla, Sanayi Devrimi'yle birlikte yaşanan bir dizi gelişme neticesinde geleneksel toplum anlayışında kırılmalar olmuştur. En belirgin kırılma ise köylerde/kırsal kesimde emek gücüne dayalı olan sistemin yerini teknolojik cihazların almış olmasıdır.

Buradan hareketle, "Modern İnsan" öyküsünün, Sanayi Devrimi'nden yazılması veyahut modern toplumların kökeninin Sanayi Devrimi'nden hareketle gelişim gösterdiği ispatının yapılması gerekmektedir. Sanayi Devrimi, tarih sahnesinde yeni bir çağ açmakla birlikte, toplumların, kültürün, bireyin ve topyekûn dünya düzeninin yeniden şekillenmesinin başat faktörüdür.

Sanayi Devrimi ile birlikte makineleşme olgusu kendini göstermiştir. Bunun neticesinde pek çok cihaz üretilmiştir. Bu teknolojik cihazların pratik kullanımı ve az zamanda daha fazla iş yapma yeteneğiyle birlikte toprak sistemine dayalı geleneksel toplumun bireyleri yeni arayışların içerisine girmiştir. Bu arayışların neticesi olarak kentleşme dediğimiz olgu bireylerin hayatlarında yer edinmiştir. Toprak sisteminde iş gücü olanağı bulamayan bireyler kentlere göç etmiştir. Dolayısıyla toprağa dayalı toplumun bireyleri, kentleşmenin boy göstermesiyle birlikte, yeni yaşam ve işgücü alanı olan kentlerde yeni sosyal yaşam normları oluşturmuşlardır. Lakin geçmiş döneme bakıldığı zaman, bu yeni sosyal normların tamamen oluşturulamadığı ve adaptasyon sürecinin zorlu olduğu görülmektedir. Bunun nedeninin ise kentleşmiş, modern toplumda bireyin güveninin kırılmış olmasıdır denilebilir. Detaylandırmak gerekirse, toprak üzerinde faaliyetlerini devam ettiren birey, yabancı olduğu yeni bir yapılanma içerisine girmiş ve yaşamsal ihtiyaçlarını devam ettirecek kaynaklar konusunda karışıklık yaşamıştır. Aslında kapitalizm, bireyin güvenini kırmıştır. İlerleyen süreçte görülecektir ki, bu güven tazelemesi önce çok çalışmakla sonra ise çok tüketmekle gerçekleşecektir. Bu bağlamda birey, aidiyet duygusu ve güvenini tazelemek adına sistemin istediği çeşitli yol ve yöntemlere başvuracaktır. Dolayısıyla, 2019 dünyasından bakıldığı zaman, Hobsbawn'un dediği gibi, Sanayi Devrimi'nden beri dünya ekonomisinin tarihi, hızlanan teknolojik ilerlemenin, sürekli ama eşitsiz ekonomik büyümenin ve giderek artan 'küreselleşmenin' tarihi olmuştur (akt. Tanrıöver ve Kırlı, 2015:137).

HENÜZ ORTADA YOK TOPLUM BİLİNCİ...

Kentleşme, bireylerin yaşamlarında yeni bir boyut kazandırmıştır. Kent kavramına bakıldığı zaman, önemli bir alan etrafında şekillendiği gerçeği ile karşılaşılmaktadır. Bu önemli alan ya da diğer adıyla merkez, modern toplumda genellikle ticari işletmeler veya yeni kurulan fabrikalarla tesislerden oluşmaktadır. Özellikle, yeni istihdam alanı olarak görülen tesisler etrafında şekillenen modern toplum veya modern dünya, kendine özgü kuralları ve yaşam normları sayesinde geleneksel kültürün temelinde var olan değerleri alt-üst ederek yeni ilişki biçimleri geliştirmiştir. Bu yok edilen değerlerin başında ise kolektif bilinç gelmektedir. Modern toplumda kolektif bilinç yoktur. Modern toplum, bu bilinci silikleştirmiş ve bu sayede bireyi hedef tahtasına oturtmuştur. Bu işlemin eyleyenlerinin ise Smith'in "İnsanlığın Ustaları" olarak adlandırdığı kapitalistler olduğunu söylemek mümkündür. Modern toplumda kapitalistler, bireyin emek gücüne, pre-kapitalist dönemdeki gibi değer olarak bakmak yerine sistemin içine bütünleşmiş bir girdi olarak bakmaktadırlar. Diğer bir deyişle, Özgür ve Özel'in (ses.org.tr, 2008) aktarımıyla, kapitalizm bireyi atomlaştırmaktadır, birey emek gücünün bir taşıyıcısı olarak bir dişliye ya da asıl işlevi piyasa ilişkilerini yeniden üretmek olan bir işlevsel birime dönüştürülmüştür. Bu yüzdendir ki, modern toplumda birey, değersizlik hissine kapılmaktadır ve buna bağlı olarak özgüven kaybı yaşamaktadır. Temel ihtiyaçlarını bir ücret karşılığı sağlayabilen ve sadece bir girdi olarak görülen birey, bu nedenle modern çağın en büyük rahatsızlıklarını üzerinde barındırmaktadır. Zira sürekli çalışmak ve üretmek gibi bir zorunluluğu vardır.

Bu perspektiften bakıldığında modern toplum, birey-toplum-doğallık arasındaki tüm dengeyi yeniden şekillendirmiş ve yorumlamıştır. Ücret bağlamında piyasa ve ekonomi, bireyin dünyasındaki en büyük olgu haline gelmiştir. İhtiyacı kadar üretmek, geçimliği kadar çalışmak, elde ettiğiyle tatmin olup yetinmek, sanayi öncesi toplumun doğal insanının ortak özelliğini yansıtırken, bir ücret karşılığında emeğini sunma, mümkün olduğunca çok çalışma ve bunun karşılığında belirlenen bir bedeli alma, sanayileşme dönemindeki insanın uymak zorunda olduğu normu çağrıştırmaktadır (Şentürk, 2008:223).

YUKARIDA BİR "AHLAK" VAR; "PÜRİTEN ETİK" DİYOR...

Peki, insanlar bu normları nasıl kabul etmişlerdir? Bu normları uygulamalarının altında yatan denge nedir? Bu noktada, bireylerin karşısına Protestanlık ve onunla bağlantılı olan Protestan Ahlak çıkmaktadır. Temel özetiyle Protestan Ahlak, dünyevi olana yönelmeyi ve faydalı şeyler üretici konumda olarak, yani üretim yaparak ibadet etmeyi öngören bir görüş olmaktadır. Protestan Ahlakın söylemiyle, üretim yapmak bir ibadettir. Bu felsefeyle kapitalizm arasındaki ilişkiyi en iyi tanımlayan kişilerden biri de Weber'dir. Şentürk'ün (2008:224) aktarımıyla, sanayileşme, kapitalizm, çalışma, üretim ve din arasındaki ilişkiyi en iyi Weber, "Protestan Ahlakı ve Kapitalizmin Ruhu" adlı yayınında ifade etmektedir. Weber' in kapitalizmi ortaya çıkaran olarak gördüğü "Askeri Protestanlık "ta, lüks tüketim, zevke düşkünlük, boş vakit geçirmek sınır getirilen ve hoş görülmeyen eylemlerken, para kazanmak, kar etmek için olabildiğine çok çalışmak, biriktirmek veya tasarruf yapmak erdemli davranışlardır. Weber' in burada aktardığı, çok kazanmaya yönelik bir yaşam tarzıdır. Ve bunun yolu, fabrikalardan geçmektedir. Bireyler fazla kazanç elde etmek için olduğundan fazlaca çalışma içerisine girmişlerdir. Bu kabulleniş ve girişimin altında yatan anahtar kelime de şüphesiz "faydacılık" söylemidir. Zira Özdemir'in (2008:55) aktarımıyla, Protestan Etik çerçevesinde kişinin kendi kendine "hayatımın; kiliseye, ülkeme, aileme ve insanlara ne hayrı var?" benzeri sorular sorması tavsiye edilmektedir. Protestan Püritenler böylece Hıristiyanlık dinin dünyevileştirdikleri kadar iktisadi işlevi manevileştirmektedirler. Böylelikle üretim ve çalışmak arzusu dini bir boyut kazanmış ve bu durum kapitalist püritenlerin çıkarlarına hizmet etmiştir. Ayrıca toplumun yoğun kesimi bu durumu kabullenmiştir ve böylelikle kapitalizm, olası karşı ayaklanmaları daha başlamadan bastırmıştır. Çünkü dönemin toplumları bu durumu kabullenmiş ve benimsemişlerdir. Öte yandan, madalyonun öteki yüzünde "din" bir propaganda aracı olarak kullanılmıştır.

Bir diğer noktada, bu Püriten Etik anlayışı, kapitalizmin doğuşundaki merkantilist görüşlerin yerini "sanayi kapitalizmine" bırakmasının yolunu açmıştır. Bireylerin bu tavrı hem toplumsal yapılanmada hem de kapitalizm anlayışında yeni bir dönemin başlamasına neden olmuştur. Zira modern toplumda kendini değersiz ve güvensiz hisseden birey, günün sonunda üreterek, çalışarak bir değer elde ettiği görüşüne kapılmıştır. Bireyin biraz da bu nedenle, yani kendisinin bir konumlandırma arayışına çözüm olacağı düşüncesine istinaden hareket ettiğini söylemek yanlış olmazsa gerek.

Tüm bunların neticesinde sürekli üretim ve birikim olmuştur. Bu birikimler kendini yeni yatırımlar olarak dönüştürmüştür. Bu gelişme, çalışanların Protestan Ahlak ve Püriten Etik'i kabullenmesiyle olmuştur. Bu durum, pek sık rastlanır bir durum değildir, hele ki bugün hiç değildir. Şan ve Hira'nın (2004:4) ifadesiyle; ilk kapitalizmin değişimi adına çalışanların bu tavrı, kapitalizmin geleceğini sağlamakta önemli bir yer tutmuştur. Sonuçta dünya tarihinde eşine az rastlanır bir tarzda, işletmelerden elde ettikleri karları, lüks ve şatafata harcamak yerine işletmeler için yeni yatırıma dönüştürmüşlerdir.

Söz konusu bu yeni yatırımlar, çok çeşitli işletmeler ve faaliyetlerin hayata geçmesinde kullanılmıştır. Bu yatırımlar neticesinde işletmeler hem yeni pazarlar hem de yeni piyasalar yaratmışlardır. Piyasa koşulları da söz konusu bu dönemde yeni bir değişim geçirmiştir. Piyasa içerisinde rekabet koşulları oluşmuştur. Bu rekabetin neticesinde serbest piyasadan bahsedebilmemiz mümkün olmuştur. Piyasa koşullarında şekillenen modern toplumda, bireyler de bu durumdan doğal olarak etkilenmişlerdir. Bu etkilenme, süreç içerisinde "ideal" olarak tanımlanan modern insanın durumunu özetler nitelik taşır duruma gelmiştir. Özdemir'in (2008:57) aktarımıyla, Protestan ruha ait özellikler olan rasyonellik, sistematiklik ve yüzü dünyevi faaliyetlere dönük insanlar arasındaki rekabet temelinde yükselen bir serbest piyasa, iktisat teorisinin temel varsayımları olarak bilim dünyasındaki yerini almışlardır. İktisadi faaliyetlerde veri kabul edilen insan tipi de böylece, maddi çıkarlar peşindeki, rasyonel ekonomik insan tipidir. Bu tanımlama, ideal modern insanın oluşturduğu modern toplumun temel felsefesi olarak adlandırılabilir.

Söz konusu bu dönemde ve Püriten Ahlak felsefesinde bireye, maddi çıkarları doğrultusunda sürekli çalışması empoze edilmiştir. Dolayısıyla ideal birey, sisteme sorun çıkarmayan ve zamanının neredeyse tamamını sisteme adayan birey olarak konumlandırılmak istenen bireydir. Ekonomik gelişme ve mülkiyetin öznelliğinin yaygın olduğu bu dönemde birey, organik olmayan bir sistem tarafından özetle, ne kadar çalıştırılırsa o kadar ibadet etmiş olacaktır. Bu çalışma ve çalışmanın zamanı üzerinde duran Lazzorado, "Ekonomi ve Öznelliğin Üretimi" isimli makalesinde, "zaman kristalleştirme makinesi" dediği ve "duygulanımsal gücün sentezinin, kasılmasının ve yaratımının motoru" ve "yeni bir tür güçlü, organik olmayan enerji" olarak tanımladığı kapitalizmin güncel yapılanmasına özgü bir makineler kompleksini analiz eder. Zaman kristalleri, eyleyişi işe koşan kapitalist zamansallığın birimidir (dunyaninyerlileri.com, 2018). Bu zaman kristalleri, kapitalist düzenin bugün aldığı şeklindeki temel noktalarından biridir. Çünkü düzen içerisinde çok çalışmak ve kapitalizme gereğinden çok zaman ayırmak gerekmektedir.

TAM PANOPTİKON GÖZETLERKEN...

Modern toplumda her şey bu kadar sorunsuz mu ilerlemiştir? Tabi ki hayır. Çünkü modern toplumun kendisi de kapitalizmin kendisi gibi krizlerden etkilenmekte ve beslenmektedir. Dolayısıyla fabrikalara bağlı olmayan ve çok çalışmayı reddeden veya çalışamayacak olan bireyler de modern toplumda var oluş göstermişlerdir. Bu krizler hakkında yapılan literatür çalışmalarında ise, sistemin bu bireyleri sindirme yoluyla ayrı bir alanda tuttuğu gözlemlenebilir. Buradan hareketle aslında kapitalizm, bireyi zihinsel, fiziksel ve mekânsal özellikleriyle kısıtlama yolunu tercih etmiştir. Bu bir tür engelleme halidir. Bireyler belli bir seviyeye kadar karşı çıksalar da esasen bir noktadan sonra sistemle bütünleşmek zorunda kalmışlardır. Çünkü özellikle sanayi döneminde kapitalizm, ekonominin yanı sıra ideolojik olarak da konumlanmaktadır. Burada kapitalizm için bugünün popüler kültürü gibi tüm mekanizmaların üstünde bir ideolojidir denilebilir. Dolayısıyla bireyin düşünce normları da sistemi kabullenmek durumunda kalmıştır. Baumann'a göre, hapsetme veya mekânsal kısıtlamayla insan, içinde olduğu gücün belirlediği şekilde düşünmeye, davranmaya ve yaşamaya zorlanmaktadır. Farklı isimlerdeki güç, kendini bu şekilde dayatmaktadır (akt. Şentürk, 2008:227).

Kapitalizm, bireyi adeta bir suçlunun hapishaneye kapatılması gibi fabrikalara ve atölyelere kapatmıştır. Sanayi toplumunda bu benzetmeyi yapmak ve gözlemlemek mümkündür. Çünkü sürekli üretim isteği, dini bir vazife olarak değerlendirilmektedir. Zira bu dayatmanın dışında kalan birey, toplumsal yaşam normlarından yoksun bırakılmıştır. Bu durum, sanayi kapitalizminin ana görüntüsünü vermekle birlikte aslında bugün de böyledir. Çünkü artık iş hayatı ve özel hayat ayrımı yoktur. Artık bireylerin arasında, işyeri dışında işyeri ile ilgili düşünce ve konuşmalar geçmektedir. Öte yandan, zaten artık yeni iş oluş yol ve yöntemleri gelişmiştir.

Kapitalizmin bu bütünleşme sürecini Focualt'ın Panoptikon tanımlamasına benzetmek mümkündür. Zira Panoptikon'da bir gözetim, denge, denetim mekanizmasıdır. Fabrikalar da birer topluluk alanları olduğu için amaca giden yolda çeşitli engellerin ortadan kaldırılması adına denge-denetim mekanizmasına ihtiyaç duyarlar. Fakat Focualt, bunun ötesinde bir söylem yapmaktadır. Focualt, Panoptikon örneğinde, iktidar üzerinden mesaj aktarımı yapmaktadır. Modern toplumda, iktidar-kapitalizm ilişkisi göz önüne alındığı zaman sadece fabrikaların içeriği ile ilgili değil, pek çok yönden çıkarımlar yapılabilir. Focualt'a göre, hapishane, suç işleyen kişileri ıslah etmek veya topluma kazandırmaktan öte, suç işleme eğilimini arttırmaktadır. Suç eğiliminin artması, iktidara ekonomik ve siyasi yarar sağlamaktadır. Bunlar, çalışmayan, üretmeyen kişilere başlarına gelebilecekleri hatırlatmak, üretim için ucuz emek sağlamak, grevleri engellemek, düzene karşı gelişebilecek mücadeleleri sınırlamak şeklinde özetlenebilir (akt. Şentürk, 2008: 228). Söz konusu durum ile serbest piyasa durumu göz önüne getirildiğinde Panoptikon' un kapitalist sistem ve Smith'in deyimiyle "İnsanlığın Ustaları" tarafından kullanılma yol ve yöntemlerini tahmin etmek pek de zor olmazsa gerek. Ayrıca buna ek olarak, sanayileşmenin olduğu dönemde yapılan ıslah evleri ve sistemin işine yaramayacağı düşünülen deliler, sakatlar gibi kişilerin kapatılması durumu da açıklayıcı bir biçimde göz önünde durmaktadır.

MERHABA FORDİST DÖNEM...

Sanayi Devrimi'nden sonra teknolojinin önlenemez yükselişine bağlı olarak dev sanayi tesisleri kurulmuştur. Sonrasında ise, bu tesislerde çalışacak işçilerin fabrikalara uyumu sağlanmıştır. Zira o dönemin sanayi koşullarında birey ve kas gücü ihtiyacı neredeyse aynı oranda devam etmektedir. Günümüzde konuşulan "Endüstri 4,0" vb. olgu ve durumlar o zaman için deyim yerindeyse birer hayaldir. Dolayısıyla kas gücü ihtiyacı üst seviyededir ve düzenek bir şekilde kurulmuştur. Bu düzenekle üretim çarkı işler kılınmış ve üretim başlamıştır. Bu üretim zamanla hızlanmış ve farklı şekillere bürünmüştür. 20 yy başlarına gelindiği zaman ise üretim anlayışında yeni bir döneme girilmiştir. Ford, sıradan aileler için seri üretim yoluyla üretmiş olduğu otomobilleri ile Batı kapitalizminde çığır açıcı öneme sahip bir değişimin öncülüğünü yapmıştır (Şan ve Hira, 2004:2). Ford, bir üretim bandı üzerinde hızlı ve pratik olarak üretilebilen tek tip otomobiller ile kapitalizme yeni bir boyut kazandırmış ve kapitalizmin dönüşümünü gerçekleştirmiştir. Kazandırmış olduğu bu boyutu, "hız" olarak tanımlamak mümkündür. Zira, bu durumda kapitalistler aynı zaman diliminde daha fazla üretim yapabilmektedir. Bu dönüşümden sonra piyasa koşullarında hız, belirleyici bir kavram olmuştur. Bu durum, tüm teknolojik gelişmeler gibi, toplumsal yaşantıda da yankı bulacaktır. Ve de yeni yaşam normları gelişim gösterecektir. Ki, bu noktadan sonra yeni tüketici grupları oluşacaktır. Senemoğlu'nun (2017:67) ifadesiyle, üretimin aşırı seri hale geldiği Fordist seri üretim ve toplu tüketim döneminde yeni tüketici grupları türemiştir. Fakat bu dönemin genel özelliği, tüketimin tek tip karakteridir. Özetle, Fordist dönem, çok fakat tek tip arz dönemi olarak tarihe geçmiştir.

Aynı zamanda Ford, bu açtığı yolda arz fazlası sorununu da kısmen ortadan kaldırmanın bir yolunu bulmuştur. Bu yol, borçlandırmadır. Kapitalizmin bu noktasından sonra, görüntüde bireyin refah seviyesi yükselecektir. Fakat ilerleyen süreçte görülecektir ki, durum sanılanın aksine, toplumsal sınıflar arasındaki ekonomik ayrımı daha da derinleştirecektir. Bu durum neticesinde bireyler ve toplumlar borçlandırılarak ipotek altına alınacak ve daha çok çalışmak zorunda kalacaktır. Borçlandırarak, alım gücünü yükselterek, halkların ve bireylerin geleceğini ipotek altına almak bir savaş stratejisidir (dunyaninyerlileri.com, 2018).

Bu savaş stratejisinin en büyük uygulayanları ise bankalardır. 20 yüzyılın ilk başlarında bankalar kurulmuş ve bankacılık sistemi düzen içerisinde yer edinmiştir. Dönemin bankacılık politikaları adeta birer tefeci gibi işlemiştir. Dolayısıyla bankalar ve o bankaları yöneten ve yönlendiren şirketler/finans aktörleri, her bir birimden deyim yerindeyse, servet elde etmişlerdir. Bu servetin sebebi ise o dönem uygulanan "bırakınız yapsınlar" politikalarıdır. Bırakınız yapsınlar olarak özetlenebilecek olan politikalar tamamen özel sermeye ve özel sektörün önünü açmıştır. Bu durum, "liberal politikalar" olarak adlandırılmıştır. Ve günün sonunda, bu durum büyük kartellerin oluşmasına ve gelişmesine olanak sağlamıştır. Özellikle yayılmacı politikaların boy gösterdiği I. Dünya Savaşı (I. Paylaşım Savaşı) sonrasında başta metal çelik ve ağır sanayi ürünleri olmak üzere, ana tüketim mamulleri de piyasa koşulları altına girmiştir. Neticesinde ise, aşırı arz olan bir dönem kendini göstermiştir. Bu dönemin en büyük aktörü ise şüphesiz ABD'dir. Zira 1920'lerde dünya sanayi üretiminin neredeyse %45'ini gerçekleştiren ABD, kapitalist dünyanın yeni patronu olduğunu, 1925-1929 yılları arasında diğer ülkelere verdiği borçlarla kanıtlamıştır (serenti.org, 2018). Fordist üretim sistemi bu durumun ana sebebi ve en büyük etkenidir. Zira Fordist üretim sistemi, hız durumunun artık bir belirleyici olduğu piyasa koşullarında, devletlerce benimsenmiştir. ABD'nin (Ford'un) bu atağından sonra, toplumlar sosyal yaşam normlarında Amerikan Rüyasına kapılmaya başlamışlardır. Bu durum, dünya genelinde aşırı arz oluşmasına sebebiyet vermiştir. Üretim yaptığı oranda ibadet yaptığına inanan Protestan püritenler ürettikleri aşırı arz ile sistemin çarklarını döndürmeye başlamışlardır. ABD'ye bağlı olan ve dolar hegemonyasında olan devletler, ekonomik olarak yeterli refah düzeyine sahip olmamalarından dolayı, bu üretim zincirinin kırılmasına sebebiyet vermişlerdir. Devletler ve toplumlar ABD'ye borçlandıkça ABD, dolar hegemonyasını ilan ederken aynı zamanda olası bir küresel soruna merhaba demektedir. Neticede Birleşik Devletler 'de yaşanan herhangi bir olay diğer ülkelere de aktarılmaktadır. Sistemin olası bir denge değişimi yaşaması durumunda, zincirleme bir reaksiyonu başlatmaya müsait bir yapıya olanak tanınmıştır.

Nitekim öyle de olmuştur. 1920'lerde hız kazanan Fordist sistem, diyalektiğini görmezden gelecektir ve dolayısıyla tüm dünyayı etkisi altına alacak bir kriz yaşayacaktır. Üretimin fazla olduğu yerde tüketim yeterli oranda olmamıştır. Bu nedenle arz fazlası oluşmuştur. Oluşan arz fazlası, piyasanın durgunluk yaşamasına neden olmuştur. 1929 Temmuz'unda üretim tepe noktasına ulaşmıştır. Bunun anlamı, büyümenin sürekli ve kesintisiz süreceği beklentisinin artık hayal olacağıdır. Mal arzı, tüketici talebini aşmıştır ve "döküm durgunluğu" yaşanmıştır. Durgunluk, borsa yatırımcısının güven kaybıyla birleşince "1929 Ekonomik Buhranı" kaçınılmaz olmuştur (serenti.org, 2018). 1929 Ekonomik Krizi, tam anlamıyla, tüm dünyayı etkisi altına almıştır ve kapitalist sistemin çarklarının kırılmasına neden olmuştur. 1929 Ekonomik Krizi ile birlikte, "piyasanın kendi kendisini onarabileceği" iddiasında bulunan liberal görüş yerle yeksan olmuştur.

Modern toplum, 1929 Büyük Buhrana kadar, üretim amaçlı çalışan Protestan Püritenlerce şekillenen serbest piyasa ekonomisiyle, kendine bir sosyal gerçeklik üretmiştir. Fakat bu gerçeklik, içinde bulunduğu krizin yansımalarıyla yerini yeni bir düzene bırakacaktır. Krizin çok yönlü ve acımasız sonuçları olmuştur. İlk kez 1929 Ekonomik Buhranında işletmeler, pazarlayamama problemiyle karşılaşmışlardır. Maliyetleri kırmak için işçi çıkarmalar ve kalan işçilerin ücretlerini düşürme de dâhil olmak üzere, birden çok tedbire başvurmuşlardır (Demirel ve Yeğen, 2015:117). Fakat bu durum, kapitalizmin bugün halen daha görmezden geldiği bir durum olma özelliğinden ötürü, 1929 krizinin "Büyük Buhran" olarak adlandırılmasındaki başat faktör olacaktır. Zira kazanamayan birey, tüketim yapamayacak ve dolayısıyla, arz fazlası sorunu güncelliğini koruyacaktır. Alım gücü düşecek ve "bırakınız yapsınlar" felsefesi cazibesini kaybedecektir. Buradan hareketle, Büyük Buhran ile birlikte, liberal politikalar tartışma konusu olacaktır. Demirel ve Yeğen' in (age:120) aktarımıyla, Büyük Buhrana kadar uygulanan klasik iktisat politikalarının ve devletin uyguladığı para politikalarının yeterli olmadığı sonucuna varılmıştır.

Öte yandan 1929 krizi, tarihe finans aktörlerinin de kaybettiği bir dönem olarak geçmiştir. Toplumlar, açlık, işsizlik ve istikrarsızlık ile mücadele etmek zorunda kalmışlardır. Bu durum gerek finans aktörlerini gerekse toplumları/devletleri yeni arayışlar içerisine sokmuştur. Bu arayışlardan "II. Dünya Savaşı" olarak adlandırılacak yeni bir savaş çıkmıştır. Bu açıdan II. Dünya Savaşı'nın nedenlerinin Büyük Buhran' da aranması, kaçınılmaz bir gerçeklik olacaktır. Fırsatlar krizlerden doğmaktadır ve 1929 krizinden II. Dünya Savaşı çıkmıştır.

Büyük Buhran' da liberal söylemlerin ne kadar tehlikeli olduğu görülmüştür. Sonrasında devletlerin müdahalede bulunması temelinde şekillenen "Keynesyen Teori" bir sonraki krize kadar geçerli olan kapitalist pratikleri oluşturmuştur. Keynes, dünyanın sonunu hazırlayacağı düşünülen Büyük Buhrana karşı, sistemin bir çıkış kapısı olarak görülmüştür. Keynes'in görüşleri, "bırakınız yapsınlar" olarak yola çıkan serbest piyasanın savunduğu değerleri tümden yok etmektedir. Keynes'in görüşlerini topladığı kitabı, özellikle dönemin ABD Başkanı Roosevelt tarafından desteklenerek, sistemin çıkmazını aşan bir yöntem olarak görülecektir. Keynes, 1936 yılında krizin nedenlerini ve çözüm önerilerini sunduğu en ünlü kitabını, "İstihdam, Faiz ve Para'nın Genel Teorisi" adlı eserini yazdı. Bu kitap, 150 yıldır süregelen "bırakınız yapsınlar" zihniyetine "dur" diyordu. Keynes, piyasaların dokunulmazlığı ilkesinin kriz dönemlerinde işlemeyeceğini savunuyordu (focusdergisi.com.tr, 2019). Keynes'in görüşleri, başta ABD tarafından benimsenmiş ve II. Dünya Savaşı sonrası dönemde başarıyla uygulanmıştır. Bu görüşler, kapitalist sistemin çarklarının tekrar dönmesine neden olmuştur. Aynı zamanda, verdiği sonuçlar dolayısıyla literatüre, "Keynesçi İktisat Kuramı" olarak geçmiştir. Keynes'in iktisadi görüşlerinden bir tanesi ve söz konusu dönem için en uygunu olarak yorumlanabilecek olanı, "efektif talep" görüşüdür. Keynes; efektif talebi, "toplam talebin toplam arz ile kesiştiği noktadaki değeri" olarak tanılamaktadır. Bir başka tanımlama ile efektif talep, kullanılabilecek, bir satın alma gücüyle desteklenmiş taleptir ve belirli bir dönemdeki tüm harcamalara eşdeğerdir (ozgurlukdunyasi.org, 2019). Keynes, teorisi ile serbest piyasa kısıtlaması yaparken hükümet ve denge denetim mekanizmalarının zorunlu olduğu bir piyasayı faaliyete geçirmiştir.

Keynesyen politikaları uygulayan, başta ABD olmak üzere, devletler önemli kazanımlar ile bu kriz durumundan çıkmışlardır. Aynı zamanda bu politikalar, döneminin yaşanan en büyük siyasal gelişimi olan II. Dünya Savaşı'ndan da kazanımlarla çıkma noktasında etkili olmuştur. Dolayısıyla Keynesyen Teori, 1970'lerde yaşanacak yeni bir krize kadar 40 yıllık bir süre zarfında faal olacak olan politika olarak tarihe geçecektir. Keynesyen Teori, devletlerce benimsenmiştir. II. Dünya Savaşı'nın son döneminde ve ertesi dönemde yaşanan gelişmeler, bu politikaların 1970'lere kadar uygulanmasını sağlamıştır. Fakat bu gelişme, bugün ekonomik küreselleşme/ ekonomik yayılmacılık ve ulus ötesi yaptırım gücünün önünü açmıştır. Devlet müdahalesini öngören teori, aynı zamanda devlet ötesi kurumların denetiminin zeminini hazırlamıştır demek yanlış olmazsa gerek. Çünkü devlet yönetiminde I. Dünya Savaşı sonrası artan şekilde kendini gösterir biçimde, finans aktörleri söz sahibi olmaktadır. Devletler, başta ABD olmak üzere, şirket olarak yönetilmektedir. Tüm bunların neticesinde, 1944 yılında ABD, Bretton Woods Konferansı'na "İngiliz Delegasyonunun Başkanı" olarak katılmıştır. Bu konferansta, IMF ve Dünya Bankası'nın kurulmasına öncülük etmiştir (focusdergisi.com,2019). IMF ve Dünya Bankası vb. olgu ve kavramların pratik eylemleri ve önemi ise Cambazın Arzusu'nun ilerleyen bölümlerinde aktarılacaktır.

Keynes'in teorisinin politika olarak benimsenmesi, devlet yönetimindekilerce son derece mantıklı bir yaklaşım olarak algılanmıştır. Zira Keynes, bu görüşlerinde görece tüketimi arttıracak çözüm önerileri sunmuştur. Artık piyasanın, üretime değil tüketime ve tüketici gruplarına ihtiyacı vardır. Keynes, gelir düzeylerine göre değişken bir bölüşüm sisteminden bahsetmiştir. Bu görüş, Şan ve Hira'nın (2004:5) Eke'den aktardığı üzere, bir toplumdaki tüketim harcamaları kısmen gelir miktarına, kısmen diğer objektif şartlara ve kısmen de sübjektif ihtiyaçlara, alışkanlıklara, gelirin bireyler arasındaki bölünüşüne bağlıdır. Keynes, bu görüşleriyle, sistemin tekrar işler kılınmasının ötesinde, bir tabakalama yöntemiyle kapitalizmin saldıracağı noktaları da göstermektedir. Dolayısıyla Büyük Buhran, yaşadığı bu dönüşümle, hiç şüphesiz kapitalist üretim rejimi mantığında yeni bir kırılma noktası yaratmıştır. Büyük Buhran sonrası dönemde dikkatler üretimden tüketime çekilmiştir. İlerleyen süreçte görüleceği üzere, artık birey üretici rolüyle değil, tüketici rolüyle toplumda yer edinecektir.

KORKUNÇ BİR TÜR SAVAŞ DURUMU: II. DÜNYA SAVAŞI

Kapitalizmin tarihsel gelişiminden bahsederken, üzerinde durulması gereken nokta, II. Dünya Savaşı'dır. Zira her ne kadar Keynesyen politikalar başarılı olsa da esasen Büyük Buhranın verdiği tahribatı kısa sürede çözüme kavuşturacak güce sahip değildir. Bunun nedeni "Keynesyen Makro Ekonominin" uzun vadeli tasarlanmış olmasıdır denilebilir. Özellikle I. Dünya Savaşı sonrası boy gösteren ağır metal sanayinin gelişimi içerisinde savaş endüstrisinin payının büyük olduğunu söylemek yanlış olmazsa gerek. Zira dönemin sosyal yapısına bakıldığı zaman, görünen senaryo, bir paylaşım savaşı üzerine gelen ekonomik anlayış neticesinde yükselen faşizm ve faşist uygulamalardır. Ekonomik krizi pek çok farklı açıdan yorumlayan farklı teoriler vardır. Krizin nedenini eksik tüketimde gören teori açısından savaş, askeri harcamalar ve savaş sanayi efektif talebi artırıcı bir etkiye sahiptirlerse krizi öteleyebilmektedirler (ozgurlukdunyasi.org,2018). Savaş bu yaklaşıma göre, çok karlı bir iş olarak görülmektedir. Bu karlı iş, pek çok açıdan kapitalist sistemin işler kılınmasını sağlayacaktır. Savaş = harcama = para = borçlanma demektir. Avar'ın (youtube.com,2019) aktarımıyla, II. Dünya Savaşı, ABD'ye 30 milyar dolara mal olmuştur. Bu para Amerikan Merkez Bankası'ndan alınmıştır. Amerikan Merkez Bankası bir şirkettir ve başında küresel finans aktörleri vardır.

Dolayısıyla sadece savaş olarak bakmak değil, koşulların gerektirdiği tüm ihtiyaçlar üzerinde bakacak olursak, savaş dönemlerinden sonra kapitalistler servetlerini kat be kat artırmışlardır. Savaşlar bu noktada, kapitalist krizlerin çıkmazlarını açan birer makine gibidir. II. Dünya Savaşı üzerinde görüleceği üzere, savaş sonrası başta ABD olmak üzere devletler, kapitalizmin devamlılığını sağlarken bir yandan da sermaye birikimi yapmışlardır. Bir bakıma toplumların refah düzeyleri artmıştır, tabii ki Batı toplumlarının. Çünkü savaş, onların topraklarında yapılmamıştır. Onlar, sistemin düğmesine basmak ve elde ettikleri kar ile sevinmekle boy göstermişlerdir.

Askeri harcamalar ve savaş sanayisi; sermaye birikimi, kar oranları, aşırı üretim -aşırı birikim ve talep yaratma gibi alanlardaki etkileri bakımından kapitalizmin çeşitli sorunlarına çözüm olabilmektedir (ozgurlukdunyasi.org, 2018). Buradan hareketle, savaş sonrası aşırı kar elde edilmesi durumu su götürmez bir gerçekliktir. Bu kar ve birikim sonrasında, savaş öncesinde boy gösteren bankacılık sektörü değişim ve gelişim gösterecektir. Kar maksimizasyonu sonrasında yönelen yeni arayışlar, bankacılık sektörünün dinamiklerini değiştirecektir. Özgür ve Özel'in (ses.org.tr, 2008) aktarımıyla, II. Dünya Savaşı'na damgasını vuran bankacılık sistemi merkezli finansal yapı yerini sermaye piyasaları merkezli bir yapıya bırakmıştır. Bu gelişmenin neticesinde kapitalizmin, "üretim araçları" anlamından "sermaye" anlamına kaydığını söylemek mümkündür.

II. Dünya Savaşı'nın pek çok açıdan sonuçları olmuştur. Savaş sonrası Keynes'in teorileri daha da önemli bir hal almış ve benimsenmiştir. Büyük Buhrana kadar uygulanan liberal politikalara devlet müdahalesi II. Dünya Savaşı ile meşruluğunu bir kez daha kanıtlamıştır. Keynes'in görüşleri, bu sosyal yapı ve görünen ideoloji içerisinde kolaylıkla kabullenilmiştir. Başta kapitalizme yön veren ülkeler olmak üzere, dünyanın neredeyse tüm ülkeleri bu gerilim hattından Keynes'in görüşleriyle uzaklaşmıştır. Keynes, dönemin koşullarına cevap vermiştir. Uygulanan politikaları 1970'lere kadar devam edecek ve fakat o dönem yaşanan yeni bir krizle rafa kaldırılacaktır. Bu esnada birey, işsizlik ve geçim sorunları gibi kapitalizmin acımasız öğretileri ile tanışmış ve bu portre içerisinde kendini konumlandırma gayreti içerisine girmiş olacaktır. Tüm bu süreç içerisinde birey, modern toplumun temel sorunlarını yaşayarak öğrenmiş olacaktır. Aynı zamanda piyasanın çarkına kapılmış olacaktır. Zira kapitalizm, tüm bu süreç içerisinde, sosyal normları yeniden yapılandırırken bireylerin geleceklerini ipotek altına almıştır. Bankalar aracılığıyla borçlanan bireyin tuzağa düştüğünü söylemek hiç de yanlış olmayacaktır.

BİR REFAH DEVLETİ VAR; KAPİTALİZM'E ALTIN ÇAĞINI YAŞATIYOR...

1929 Büyük Buhranından bu yana süregelen ve anlatı bölümü oluşturan Keynes'in ekonomik çözümleme önerileri ile kapitalizmin işlerliğinin devamlılığı sağlanmıştır. Keynes teorisinin temel noktası, şüphesiz devlet müdahalesidir. Keynes, devlet müdahalesi görüşüyle klasik iktisatçıların göz ardı ettiği bir noktayı keşfetmiştir. Klasik iktisatçıların, piyasa serbestisi açısından devlet müdahalesinin olmaması gerektiği görüşüne karşı çıkan Keynes, devletin "görünmez el" olarak adlandırılacak olan gücünü keşfetmiştir. Ekonomik sorunun çözüme kavuşturulmasından Keynes'in anladığı şeyler, ücretlerin yükseltilmesi, çalışma saatlerinin kısaltılması, sosyal devletin tüm alanlarda en gelişmiş formlarının kurulması idi. Keynes'in keşfettiği şey, bu mekanizmaların kapitalizmin işleyişini bozan değil düzelten mekanizmalar olduğudur (akt. Daldal, 2009:43). Buradan hareketle, Keynes teorisinin altının çizilmesi gereken noktasının "sosyal devlet" olduğunu söylemek yanlış olmazsa gerek. Zira dönemin koşullarına bakıldığı zaman Dünya, tek kutuplu değil Sovyet Bloğu ile iki kutuplu olarak gelişim göstermektedir. Dolayısıyla bu blok, kapitalizm için bir tehdit olarak yaşamını devam ettirmektedir. Ne var ki, 1990'larda yıkılacak ve tek kutuplu dünya, tam anlamıyla, toplumsal yaşamda yer edinecektir. Bugüne dek gelen "yenilmez ve kırılmaz güç Amerika" toplumsal belleklerde yer edinecektir. Fakat bu süreç, çok sancılı olacak ve tarih sahnesinde can alıcı pek çok olaya, bireyler ve toplumlar şahit olacaktır. Sovyet Bloğu ile özdeşleşen ve kapitalizm eleştirisi olan Marksizm, o dönemde yükselen bir tehdit unsuru olmaktadır. Dağ'ın (2013:76) aktarımıyla, Marksizm'in, 19. yy sonu ve 20. yy başlarında açık bir tehdide dönüşmesi, kapitalist egemenlerin, devleti "sosyal devlet" ilkesi ile ifade edilen, asgari toplumsal ihtiyaçları karşılamakla görevlendirmesine yol açmıştır. Zira Püriten Etik ve teknolojik ilerlemelerle birlikte bir üretim sistemi olan kapitalizm, "işsizlik" sorunu ile karşılaşmıştır. Modern kentlerin oluşturduğu modern toplumun bireyleri, artık kapitalizmin beline ağır bir yük olarak binmektedir. Zaten pek çok araştırmada atfedildiği ve tarihsel perspektiften görüleceği üzere, artık kapitalizm ideolojik olarak büyük bir kırılma yaşayacaktır. II. Dünya Savaşı sonrası geliştirilen ve uygulanan Keynesvari politikalar ile kapitalizm, bireyi üretici konumundan tüketici konumuna sürükleyecektir. Dönemin teknolojik ilerlemeleri bu kaymanın zeminini hazırlayacaktır. Üretimde makinelerin kullanılması, aktif insan gücüne olan gereksinimi azaltarak bireyin daha çok sevk ve idareyi sağlayan fonksiyonunu ön plana çıkarmıştır. Bu durum, çalışma sürelerinin kısalmasını da beraberinde getirmiştir (Osmanlı ve Kaya,2014:7). Kapitalizm bu noktada, bireylere bir özgürlük hakkı olarak boş zamanı lütfetmiştir. Fakat her kavram gibi özgürlük kavramı da tehlikeli bir kavramdır. Çünkü kapitalizmin bu özgürlüğü sınırlandırılmış ve yapay bir özgürlüktür. Özgürlük alanları bu noktadan itibaren daha da belirginleşeceği üzere sermayenin boyunduruğu altına girecektir. Ağır ve yoğun çalışma şartlarından nispeten kurtulan birey, iş dışında boşta kalan zamanlarda, üretimini yaptığı ürünün tüketimi noktasında talep yaratacak ve birer pazar haline gelecektir. Ki zira aynı dönem içerisinde, sosyal devlet anlayışı çerçevesinde bireye görece pek çok hak tanınmıştır. Bu haklarla birlikte dönemin hâkim üretim sistemi Fordizm sayesinde başta ABD olmak üzere, toplumlar Refah Devleti olarak adlandırılan bir yapıya dönüşmüşlerdir. Sosyal Devlet veya Refah Devleti'nde gelir dağılımı, işçiler ve düşük gelir grupları lehine müterakki gelir vergisi, ücretsiz veya düşük ücretli eğitim yanında işçilere, işsizlere ve düşük gelirlilere tanınan çeşitli imkânların, yardımların ve sosyal sigortaların genişletilmesi, ücretlerin ve yan ödemelerin yükseltilmesi yoluyla düzeltilir (Birol, 2013:105). Görece olan şey budur. II. Dünya Savaşı sonrası dönemde çalışma saatleri düzeltilmiş, boş vakit yaratılmış, maaşlar yükseltilmiş ve Refah Devleti ortamı yaratılmıştır. Aynı zamanda Fordist üretimi oluşturan Henry Ford işçilerine, ürettikleri arabaları satın alabilsinler diye kredi vermiştir. Günün sonunda, bireyin alım gücü yükselmiştir. Alım gücü yükselen birey, tüketim perspektifini genişletmiştir. Dolayısıyla, birey artık üretim yapmanın ötesinde talep yaratan bir konumdadır. Söz konusu olan ve 1950-1970 arasına tekabül eden bu dönem, Dağ'a (2013:77) göre, Refah Devleti ilkesinin planlamacı ekonomi gözetiminde hayli verimli olduğu, sermayenin gücüne güç kattığı, diğer yandan bu sisteme bağlı ekonomilerin süreklilik arz eden bir büyüme içerisinde olduğu görülmektedir. Dolayısıyla en son noktada gerek efektif talep gerek planlamacı yaklaşım gerekse tüketim talebi oluşturma noktalarında, sermayeye göre pek çok sorun giderilmiştir. Neticede kapitalizm, Refah Devleti döneminde altın çağını yaşamıştır.

Refah Devleti tanımı incelendiği zaman ise New Deal politikaları ile karşılaşılmaktadır. New Deal politikaları ABD Başkanı Roosevelt tarafından uygulanan politikalardır. Bu politikaların en temel noktası ise adeta bir "görünmez el" olarak devletin, sermayenin dolaşımına müdahalede bulunmasıdır. Bu politikalar, Keynes ile yakınlığı ile tanınan Roosevelt'in Keynes'in görüşlerinden etkilendiğinin göstergesidir. Aynı zamanda, daha önce de aktarıldığı üzere, Roosevelt öncülüğünde 1944 yılında imzalanan Brutton Woods Anlaşması ile Daldal'ın (2009:44) aktarımıyla, Keynes'in teorik argümanlarından bir kısmı dünya çapında pratiğe geçirilmeye başlanmıştır. Bu tarihten itibaren kapitalizm, yeni bir boyuta evirilmiştir ve Keynesyen Ekonomi faaliyete geçirilmiştir. Lakin dikkat edilmesi gereken nokta, Keynes teorileri ile Keynesyen Ekonomi arasında belirgin farklar olduğudur. Keynes'in sunduğu teoriler ile Keynesyen Ekonomi veya Refah Devleti'ni birbirine karıştırmamak gerekir. Çünkü Keynes teorileri hem tam olarak uygulanmamış hem de pek çok akım tarafından tekrar yorumlanmıştır. Bu nedenle, her ne kadar liberaller bağlasa da 1973 yılında meydana gelen ve kapitalizme yeni bir yön çizen krizi Keynes'e bağlamak son derece yanlış olacaktır.

Özetle, günün sonunda, iş dışı zamanı oluşan ve alım gücü yükselen proletarya(işçi sınıfı) ile Fordist sistemin gelişme yolunda hareketlerinden ötürü tüketimin yüceltilmesi kaçınılmaz olmuştur. Söz konusu bu durum, Gramsci'nin eleştirisini doğrular niteliktedir. Gramsci'nin eleştirisiyle Fordizm, kapitalist medeniyette yeni bir dönemi başlatan, planlı ekonomiye damgasını vuran, yalnızca üretimi değil bireyi de planlayan, yeni bir işçi (ve insan) tipi de yaratmak için hayatının en mahrem alanlarını işgal eden ve bir montaj hattı ile sınırı kalmayan bir yapıdır (akt. Saklı, 2017:3).

Kapitalizmin altın çağını yaşadığı Refah Devleti döneminde üretim sektöründe Fordizm, kırılmalar yaşamaya başlamış ve hizmet sektörüne doğru bir kayma yaşanmıştır. Kitle üretiminin yaşandığı Refah Devleti'nde 1960'lı yılların sonunda yeni bir kırılmanın ayak sesleri duyulmaya başlanmıştır. Bu süreç, 1973 Petrol Krizi ile boy gösterecek olan post-Fordizm felsefesinin benimsenmesiyle sonuçlanacaktır. Özetle, yaşanan gelişmeler, tüketimin yüceltildiği bir topluma giden yolda, uzun soluklu ve örgütlü mücadeleler ile elde edilmiş olan hakların ve bu haklarla birlikte değerlendirilebilecek çeşitli maddi kazanımların, "zincirinden başka kaybedecek bir şeyleri olan proletaryayı yarattığı" iddiasını da gündeme getirmiştir (researchgate.com, 2019).

1960'lı yıllarda altın çağını yaşayan kapitalizm, aşırı genişleme göstermiştir. Özellikle Fordizm' in tüm dünyada benimsenmesiyle kapitalistler, seri ve düşük maliyetli üretim yaparak kar maksimizasyonuna giden bir yolun yapı taşlarından birini döşemişlerdir. Söz konusu bu dönem, tüketim toplumunun oluşması için girişimlerin yaşandığının gözlemlendiği bir dönem olsa da toplam talep yaratmada yetersiz kalınan bir dönem olmuştur. Bunun en belirgin sebebi, liberal iktisadi teoriler olmuştur. Liberal iktisatçılar, yaptıkları analizlerde, kapitalizme bağımlılığın altını çizmişlerdir. Adam Smith'in tanımıyla "insanlığın ustaları" olan kapitalistler, modern toplumu ve modern bireyi sürekli olarak yeniden şekillendirme girişimindedirler. Liberal iktisatçılar, "laissez faire -bırakınız yapsınlar-" felsefesiyle hareket etmişlerdir ve bu döneme damgasını vuran, dolayısıyla kapitalizmin devamlılığını sağlayan Keynes'in teorilerini kendilerine göre yorumlamışlardır. Laissez-faire kapitalizmini savunan klasik iktisatçılara göre, Birol'un (2013:101) aktarımıyla, sosyal sorun çıkmayacaktır. Klasik iktisatçılara göre her üretim faktörü, marjinal verimliliğine göre pay alacak ve ücretin tam rekabet şartlarında piyasada oluşması durumunda ekonomi tam istihdamda dengeye gelecek ve gayri iradi işsizlik ortaya çıkmayacaktır. Fakat durum beklendiği gibi olmamıştır. Refah Devleti sürecinde yapılan her yeni yorumlama, beraberinde yeni bir sapmayı getirmiştir. Aynı zamanda, yeni sorunlara gebe olmuştur. Yapılan her yeni yorumlama, piyasa serbestisini, dolayısıyla devlet müdahalesinin engellenmesini savunmuştur. Yaşanan teknolojik gelişmeler ile birlikte fabrikalardan uzaklaştırılarak işsiz kalan birey, tüketim zincirini tamamlayamamıştır. Velhasıl, Refah Devleti'nde yaşanan her sapma pek çok sosyal sorunu beraberinde getirmiştir. Toplumsal denge, zamanla sermaye tarafından bozulmuş ve bu durum, tüketim toplumu üzerinde yönlendirici güç olan sermayenin gücüne güç katmıştır(researchgate.com,2019). Toplum, aşırı üretim ve birikimin yaşandığı bu dönemde, kar maksimizasyonu adına tüketime yönlendirilmiştir. Aslında kapitalizm, bu dönemde yeni bir felsefi kırılma yaşamıştır. Kapitalizmin Püriten yani çalışma etiği tüketime evirilmeye başlamıştır. Çalışma zamanı algısının esnetildiği bu dönemde, bireyler çalışmalarından arta kalan zamanlarda direkt tüketime yönlenmektedir veyahut tüketime yönlendiren uğraşlarla meşgul olmaya başlamaktadırlar. "Çalışanlar Toplumu" olarak bahsedebileceğimiz ve dolayısıyla çalışmanın tüketime zaman açısından daha olanak tanıyan bir yol olarak yüceltildiği Refah Devleti ortamında, yegâne şekilde empoze edilmiş ve çalışanlar haftada ortalama 40 saat olan çalışmadan kalan zamanda, çalışmanın bir ödülü olarak onlara sunulan çeşitli yeni tüketim mallarını tüketmeye yönelmişlerdir(age,2019).

ENFLASYON AZDIKÇA STAGFLASYON GELİYOR...

Kapitalizm, bu dönemde aşırı birikim yapmış olan bir birikim rejimi olarak yer edinmiştir. Fakat kapitalizm tarihine bakıldığı zaman, göze çarpan husus "kriz" olgusudur. Kapitalizm, kriz demektir. Ve dolayısıyla Keynesyen teoriler eşliğinde yeni bir krizin temelleri atılmıştır. Bilindiği gibi, 1960'lı yılların sonuna doğru büyüme dalgası şiddetini yitirmiştir ve sistem bir kez daha merkezden, bilhassa ABD'den başlayarak çevreye doğru yayılan yeni bir dengesizlik sürecine girmiştir. 1974 yılından itibaren petrol fiyatlarının artmasıyla birlikte, bu dengesizlik ciddi krize dönüşür (Aydın, 2012:16). Kapitalizm bu noktada yeni bir yol ayrımına gelmiştir. Bu yol ayrımına giden yolun oluşmasında, sermayenin çıkarlarını pekiştirme görevi üstlenen ABD'nin etkisi büyüktür. Metanın ve sermayenin aşırı birikimi, işsizlik başta olmak üzere, sosyal sorunlarla birleşince kar oranları düşmüştür. Özgür ve Özel'in (ses.org.tr,2008) aktarımıyla, Keynesyen Ekonominin özeti olan Keynesçi Refah Devleti döneminde, Merkez Bankası'nın faiz oranlarını düşük tutması ve ekonomik büyümeyi ve de kamu finansmanını önceliği haline alması durumu zamanla toplam tüketim ve kar oranlarının düşmesine yol açmış ve piyasa durgunluk yaşamıştır. II. Dünya Savaşı'ndan bu yana gelen politikalar, bu durgunluğun nüvesini oluşturmuştur. Bu durgunluk, literatüre yeni bir kavram olan "stagflasyon" kavramını kazandırmıştır. Stagflasyon, ekonomideki işsizlik oranı artarken fiyatların da hızla yükselmesidir (tr.wikipedia.org). Yani işsizliğin, yetersiz bir ekonomik büyümenin, kullanılamayan üretim kapasitesinin, yaygın ve sürekli fiyat artışları ile bir arada görüldüğü bir ekonomik rahatsızlıktır (ekonomikultur.wordpress.com). Başka bir açıdan, 1973 Stagflasyon Krizi, "Petrol Krizi" olarak da anılmaktadır. Tabii ki bu krize etki eden OPEC gibi pek çok değişken vardır. Fakat belirli değişkenler, Cambazın Arzusu'nun kapsamı dolayısıyla ele alınmayacaktır.

Stagflasyon Krizi'ne sebebiyet veren en önemli husus ise seri üretim- toplu tüketim- sistemin terkinin talep edilmesi hususudur. Diğer bir deyişle, artık tek tip değil, ürün çeşitliliğinin talep edilmesi hususudur. Bu isteğin ortaya çıkmasıyla birlikte, kapitalist üretim rejimi de yeni bir boyut kazanacaktır. Sanayi-Endüstri üzerine kurulu modern toplum, değişim geçirecektir. 1970'lerde yaşanan Stagflasyon Krizi'ne çözüm olarak uygulamaya konulan politikalar, liberalizme yeni bir boyut kazandırırken aynı zamanda kapitalizm, devlet ve ekonomi ilişkisi de yeni bir boyut kazanacaktır. Kapitalizm, ciddi bir yeniden yapılanma sürecine girecektir. Kapitalizmin tarihi, artan bir düzeyde tüketimin tarihi olarak stagflasyon kriziyle yeni yörüngesine oturacaktır.

Burada dipnot geçilmesi gereken nokta, olayların çok boyutlu olduğudur. Dolayısıyla, stagflasyonu sadece Fordizm' in tek tip üretimine bağlamak doğru olmayacaktır. Özlü 'nün ifadesiyle, dünya ekonomisinin bir bütün olarak yaşadığı kriz, Fordist üretim sisteminin krizi gibi gösterilebilse de aslında çok klasik özellikleri ile kendini ortaya koyan, kapitalist üretim biçiminin krizidir (gelenek.org).

NE YAPSAN POST-FORDİST...

Özellikle Stagflasyon Krizi sonrasında yeniden yapılanan sanayi ve gelişme anlayışı kapsamında modernite veya modern toplum, Refah Devleti sonrasında tekrar tekrar bir dönüşüm yaşamıştır. Dolayısıyla, artık düzen içerisinde ve seri olarak sunulan fordist düzen, yerini çeşitliliğe bırakmıştır ve bu durum, post-fordizm/ post-modern Toplum olarak adlandırılmıştır. En nihayetinde ise, tüketici rolü baskın şekliyle biçim değiştirmiştir. Bu noktada post-modernizm, daha çok tüketime yönlendiren bir yapı olarak bireyin karşısına çıkmaktadır. Bourdeu'nun tespitine göre, insanlar, sıkıcı ve birbirinin aynı ürünler yerine, kolayca bir diğer üründen ayırt edilebilen, daha gösterişli ürünler istemektedir (Senemoğlu, 2017:67). Bu durum, üründe farklılaşma, dolayısıyla beraberinde arzda ürün çeşitliliğini sağlama olarak yer edinmiştir. Bir noktada bu anlamda, üründe esnekleşme olarak dile getirilebilecek bir durum yaşanmıştır. Diğer bir deyişle, katı kuralları, sıkı disiplini ve seri üretimi olan fordist sistem, yerini "esneklik" ilkesine dayalı post-fordist sisteme bırakmıştır. Post-fordizm, üründe çeşitliliği ve üretimde esnek uzmanlaşmayı öngören bir sistemdir. Dolayısıyla, bireyden pek çok yeti ve beceriyi de aynı anda isteyerek, bireyi esnek uzmanlaşma/çok kültürlü vasfını yüceltme yolunsa sevk etmektedir. Saklı' nın (2007:2) ifadesiyle, esnek uzmanlaşma olarak anılan post-fordist dönemin, bir yeniçağ potansiyeline sahip olduğunun düşünülmesi, onun ekonomik hayatın her alanında etkisini göstermesinin yanında, toplumsal yapıda, devlet anlayışında, kültürde ve hayatın her yerinde köklü etkiler meydana getirmesi sebebiyledir. Post-fordizm, esnek üretim yöntem ve metotlarıyla "sanayi kapitalizmi" dönemine yeni bir boyut kazandırmakla birlikte, hizmet sektörüne geçişi de sağlamaktadır. Artık ürün arzı, görece talebe göre şekillenecek ve bireyin isteğine göre şekilleneceği için "hizmet sektörü" olarak adlandırılacaktır. Aynı zamanda, arz fazlasına çözüm olan talebe göre üretim ile stok sorunu hatırı sayılır düzeyde azalacaktır. Diğer yandan birey, tüketici rolünde görece özgür seçim yapabilecektir. Tüketimin giderek artan oranda ivme kazanmasının bu durum ile doğrudan korelasyonu vardır. İşçinin tüketici olabilmesi süreci, sanayi/üretim sektöründen hizmet sektörüne geçişle, parlak yıllarını yaşamıştır (Osmanlı ve Kaya, 2014:6).

Öte yandan, üretim sürecinde ise post-fordizm, iş hayatı/özel hayat ayrımını ortadan kaldırmıştır. Esneklik, çalışma yaşamına zaman ve mekân bağımsızlık getirecektir. Özmakas'ın (2015:14) deyimiyle, post-fordist dönemle birlikte otonomistlerin "işle yaşamın birbirine karışması" dedikleri bir süreç gerçekleşecek ve esnekleşen emek biçimleri nedeniyle artık mesai saati mefhumu olmaksızın çalışan, işi ve karakterini özdeşleştiren ve her an artı değer üreten bir işçi söz konusu olacaktır.

Post-fordizm, fordist sistemde topyekûn bir kırılma olarak bireyin karşısına çıkmaktadır. Fakat bu kırılma, biçimsel bir kırılma olmakla birlikte kapitalizmde bir değişikliğe yol açmamış, dahası kapitalist ilerlemeyi bir krizden kurtararak, onun devam etmesini sağlamıştır. Çünkü post-fordizm, çalışma sırasında zaman kayıplarının azaltılmasını, işçi sayısını mümkün olan en düşük düzeyde tutulmasını, ölü zamanların ve israf düzeyinin en aza indirilmesini amaçlamaktadır (Parlak, 1999:94). Bu durumu da teknolojik anlamda yaşanan ilerlemeleri kullanarak gerçekleştirmektedir. Yaşanan her teknolojik gelişme, bireyi esnekleşme düzlemine mecbur kılmaktadır. Kapitalizm, teknolojik ilerlemeler ile birlikte, bireyi sevk ve idare vasfına yönlendirerek, bireyden daha çok nemalanmaya çalışmaktadır. Bir özgürlük söylemi adı altında birey, gündelik yaşamın her noktasında kapitalizme kazanç sağlayacak olan çalışmadan veya tüketimden bahseder hale gelmiştir. Özgürlük algısını, Fordizm' in rutin düzenine karşı çıkarak yerleştirmiştir. Rutine karşı başlatılan post-fordist isyanın vaat ettiği yeni özgürlük, sahtedir. Kurumlarda işleyen ve bireyin yaşadığı zaman dilimi, yukarıdan aşağıya ilerleyen yeni bir denetim ve gözetime tabidir. Esnekliğin zamanı, yeni bir iktidarın zamanıdır. Esneklik, düzensizlik yaratır, ancak sınırlarımızdan kurtulmamızı sağlamaz (Sennet akt. Osmanlı ve Kaya, 2014:9). Zira düzensizlik yaratmıştır da. Post-fordizmin esnekliği, bireyleri daha fazla işle haşır neşir olmaya itmiştir ve bireyden daha fazla yararlanmıştır. Öte yandan, bireylere vasıf kazanmalarını tavsiye etmiş ve fabrikalardan işçi çoğunluklarını uzaklaştırmıştır. Bireye yüklediği vasıf kazanma zorunluluğu ile bireyin emeği değersizleşmiştir. Duman'ın (2016:21) ifadesiyle, her yeni teknolojik kurulum, aynı zamanda tüketimci kapitalizmin daha fazla gelişmesini sağlamakla beraber, işgücü ve emeğin atıl duruma düşürülerek değersizleşmesinin yolunu da açmıştır. Günün sonunda, emeğin sömürüsü çok daha kolay bir hal almıştır.

Diğer yandan, işçilerin fabrikalardan uzaklaştırılması, kapitalizmin temel sorunu olan işsizlik sorununu tetiklemiştir. Aynı dönemde bireyler, giderek artan düzeyde tüketime yönlendirilmişlerdir. Bu durum, ilerleyen süreçte görüleceği üzere, daha büyük sorunlara yol açacaktır. Fakat sermayenin karına kar kattığı için sumen altı edilmiştir. Bu süreç içerisinde, liberal iktisadi öğreti denilebilecek kapitalist ekonomi, daha da güçlenmiştir ve günümüzde kullanılmaya devam eden yerini sağlamlaştırmıştır.

GEÇ GELEN KAPİTALİZM...

Kapitalizmin tarihi incelendiği zaman, her dönemin kendi içerisinde farklı algılandığı gözle görülür bir gerçekliktir. II. Dünya Savaşı sonrasına Keynes damgasını vurmuştur ve söz konusu dönem, Keynesyen Dönem olarak adlandırılmıştır. Fordizm'in Keynesyen Refah Devleti anlayışı, post-fordizmde "Schumpeteryen Çalışma Devleti" ne dönmüştür (Saklı, 2017:10). Schumpeteryen yaklaşımına, sermaye ve yenilikçilik ilişkisi olarak bakılabilir. Özellikle, esnek uzmanlaşma sürecinde teknolojinin fabrikalarda yer edinmesiyle birlikte, bireyin yaratıcı vasfının ön plana çıkarılması öngörülmüştür. Bir nevi, kapitalizm bu dönemde insan sermayesinin temellerini atmıştır demek yanlış olmayacaktır. Öte yandan bu anlayış, işin oluş biçimini parçalara ayırarak zaman-mekân bağımsız çalışma koşulları yaratmıştır. Parlak'ın (1999:99) ifadesiyle, post-fordizm, kapitalist üretimin niteliksel olarak yeni bir dönemini ve yeni bir endüstriyel bölünmeyi temsil etmektedir. Endüstriyel bölünmenin kapitalistlere olan katkısı "küreselleşme" bölümünde detaylı olarak ele alınacak olmakla birlikte, üretim sürecinin pek çok yerde ve yöntemle tamamlanıyor olmasıdır. Özetle, süreç çevreden merkeze akan bir hal almıştır.

Dolayısıyla bu durum, yeni temaslar ve yeni üretim faktörlerinin kullanımı ile sonuçlanmıştır. Velhasıl post-fordizm, ekonomiye de etki ederek yeni bir ekonomik nizama zemin hazırlamıştır. Bu durumu, "ekonomik post-modernleşme" olarak yorumlamak mümkündür. Ekonomik post-modernleşmenin ortaya çıkışını sağlayan temel etmenlerden biri, üretimde post-fordist bir düzene geçilmiş olmasıdır. İlerleyen süreçte görüleceği üzere, 1970'lerden itibaren kapitalizm, finans sermayeleri merkezli bir yapıya bürünmüştür. Ekonomik gelişmenin olduğu bu dönem "Geç Kapitalizm" olarak adlandırılmaktadır. Söz konusu bu dönemde, Chomsky'nin "Amerikan Rüyası" belgeselinde ifade ettiği üzere, ekonominin bu şekilde gelişim göstermesiyle "kapital" kelimesi, "üretim araçları" anlamından "sermaye" anlamına kaymıştır.

NEOLİBERAL TABLO...

Kapitalizm, II. Dünya Savaşı'ndan bu yana, anlatı bölümü oluşturan çeşitli gelişmeler kaydetmiştir ve tüketim toplumuna giden yolun inşasını gerçekleştirmiştir. Bu ilerleme sürecine Keynes'in teorileri öncülük etmiş ve Keynesyen Teoriler eşlik etmiştir. Özetle, yapılan her değişim yeni bir kırılma yaratmış ve devlet müdahalesini azaltmıştır. Burada, Fordizm' in doğuşundan dolayı kapitalizme yön veren ABD, "White Planı" uygulamalarıyla piyasa serbestine zemin hazırlamıştır. Gel gelelim, 1973 Stagflasyon Krizinin yaşandığı zamanlarda liberal iktisatçılar Keynes'i suçlamışlardır ve onu krizden sorumlu tutmuşlardır. Başta ABD olmak üzere kapitalistler, özel mülkiyete izin veren ve piyasa serbestini savunan liberal söylemlere, her seferinde geri dönmeye çalışmışlardır. Stagflasyon Krizi ile birlikte ABD, deyim yerindeyse kendi kazdığı kuyuya düşmüştür. Daldal'ın (2009:47) ifadesiyle, kendi kazdığı kuyuya düşen ABD, sonraki süreçte liberal iktisadın çıkarlarına uygun düştüğü iddiasıyla dünyayı neo-liberal iktisadın egemenliğine bırakmıştır.

Neo-liberal iktisadi öğretiyi, savunduğu temel değer ile özetlemek mümkündür. Neo-liberal iktisadi öğreti, sınırsız ve müdahalesiz piyasayı savunmaktadır. Öte yandan, geniş tanımıyla, Dağ'ın (2013:78) ifade ettiği üzere, neo-liberalizm, sermayenin önündeki engellerin kaldırılması ve devletin elinde tuttuğu, verimsizce israf ettiği, toplumsal mülkiyet unsurlarını piyasaya devretmesi esasına dayalı bir iktisadi teoridir. Özelleştirme, ekonomilerin deregülasyonu, devletin bu çerçevede piyasadan çekilerek piyasanın yolundaki taşların temizlenmesi, taleplerin en başta gelenleridir. Bu açıdan, "bırakınız yapsınlar" felsefesi ile mülkiyet hakkını elde etmek adına öne sürülen bir teori olduğunu söylemek yanlış olmazsa gerek. Aslında, herhangi bir kavramın başına "post" konulduğu zaman, genellikle "ötesi" yani sonrası olan bir tanımlama gelmektedir. Fakat söz konusu post-fordist düzen ve neo-liberal kapitalizm olunca, durum böyle olmamaktadır. Çünkü neo-liberalizm, liberalizme dönüş olarak tanımlanabilir.

Neo-liberalizm, sermayenin gerçek hayatta kalma politikasıdır. Zira iktisat politikaları bireyleri, toplumları ve siyasi rejimleri etkilemektedir. Diğer bir deyişle, sadece ekonomi olarak bakmak yeterli olmayacaktır. Dolayısıyla neo-liberal politikalar ile tüm ticaret ve işleyişin şirketlere bırakılması istenir. Onlara göre, devlet piyasadan müdahalesini çekecektir ve piyasa kendi koşullarını yaratacaktır. Hal böyle olunca, bireyin kendisi de bir pazar haline gelecektir. Üretim sürecinde emeği sömürülen ve değersizleştirilen birey, piyasanın istediği tüketim normlarıyla donatılacak, borçlandırılacak ve kapitalizm ile hegemonik ilişkiler kuracaktır. Bu hegemonya, daha çok istediğini elde edemeyen birey ve toplumlar üzerinde etkili olacaktır. Dolayısıyla neo-liberalizm, ulaşılamayan haz ve arzuların elde edilmesi yolunda bir araç olarak tanımlanacaktır. Tamamen kendi kontrollerini öngören piyasa ile beraber bireyler ve toplumlar, üretim-tüketim zincirine kendilerini eklemleyeceklerdir. Piyasa serbesti ile özellikle kredi yöntemleriyle, istediğini elde eden birey mutlu olacaktır ve toplumlar, arzu edilen refah düzeyine ulaşacaklardır. Fakat durum hiç de öyle değildir. Bireyler, daha da borçlandırılacak ve ödemek zorunda oldukları borçlar için daha çok çalışmaya razı olacaklardır. Şahin'in (2009:20), Müftüoğlu'ndan aktardığı üzere, "borçlandırılan emekçiler, sisteme daha bağımlı hale gelmiş ve artık sadece yaşamlarını sürdürmek için değil, borçlarını da ödemek için daha fazla çalışmayı kabullenmek zorunda kalmışlardır." Dolayısıyla kapitalist sisteme tam bütünleşmişlerdir. İlerleyen süreç gösterecektir ki, sermaye bir avuç elitin elinde toplanacak ve toplumlardaki zengin-fakir arasındaki ayrım giderek daha da derinleşecektir. Neo-liberal politikalar ile geleneksel kültürde yer alan kolektif bilinç, yok olacaktır ve birey yüceltilecektir. Çünkü kolektivite, neo-liberal söylemlere ters düşmektedir. Liberal iktisat başta olmak üzere, neo-liberal iktisat politikalarının hedefi, her daim tekil olan bireydir. Kapitalizm, bireyin yetilerini gözle görülür biçimde sömürgeleştirmekte ve yok etmektedir. En bariz örneği ile "tamir" kavramı, artık literatürden kalkmak üzeredir. Dolayısıyla bu tabloda, birey sürekli borçlandırılacak ve sürekli sömürülecektir. Günün sonunda, post-fordizmin vaat ettiği esneklik olgusunun, bireyin daha fazla sömürülmesinin ideolojik aracı olduğu gerçeği, gün yüzüne çıkacaktır. Neo-liberalizm ile birlikte "İnsanlığın Ustaları", vahşi kapitalizm olgusunu, tüketim pratikleri üzerinden tekrar uygulamaya koyacaklardır. Çeşitli siyasi, teknolojik, ideolojik yorumlar ile bu yapı, günümüze gelen şeklini alacaktır. Çünkü Tutan'ın (2010:775) ifadesiyle, neoklasik iktisadi düşünce, geçici sarsıntılar olsa bile pazar ekonomisinin çeşitli otomatik ve kendini düzeltebilen mekanizmalarıyla yeni bir üretim-tüketim denge noktasına ulaşabilme becerisine sahip olduğunu da öne sürmektedir.

ÇALIŞMAK ÇOK AYIP; YAŞASIN TÜKETİM...

Neo-liberal iktisadi öğreti, tüketimin meşrulaştırılması özelinde genişleme göstermiştir. Liberal iktisat ve merkantilist kapitalizmin üretim odaklı yapısı, neo-liberal öğreti ile tüketim odaklı bir hayat tarzına bürünecektir. 1970'li yıllarda, aşırı arzın belirmesi neticesinde üretim zinciri tamamlanmış vaziyettedir. Dolayısıyla, bu noktada esas sorun, pazarlamanın nasıl yapılacağıdır. Diğer bir deyişle, talebin nasıl yaratılacağıdır. Özellikle teknolojik gelişmeler ile birlikte üretim sorunu ortadan kalkmıştır. Yaşanan teknolojik gelişmeler ile sadece üretim değil, tüketim zincirinin de yolu açılmaktadır. Dolayısıyla teknoloji, her zaman kapitalistler tarafından sömürülmüş ve kapitalizmin daha fazla gelişmesini sağlamıştır. Duman'ın (2016:21) ifadesiyle, her yeni teknolojik kurulum, aynı zamanda tüketimci kapitalizmin daha fazla gelişmesini sağlamakla beraber, iş gücü ve emeğin atıl duruma düşürülerek değersizleşmesinin yolunu açmıştır. Püriten Etik'in bireye öğütlediği ve yüklediği ilahi çalışma arzusu, teknolojik gelişmeler ve post-fordist yaklaşımlarla yok edilmiştir. Fabrikalardan uzaklaştırılan ve inançları yerle yeksan olan bireyler duygusal/ manevi bir boşluğa düşmüşlerdir. Bu açıdan bakıldığında, emeğin değersizleşmesi, bireyin değersizleşmesi olarak yansımaktadır. Kendini değersiz hisseden birey, varoluşsal açıdan bir kimlik bunalımı yaşamıştır. İşte bu noktada kapitalizm, bireye yeni bir kimlik algısı önermiş ve tüketimi tavsiye etmiştir. Buradaki tavsiye olan ve daha sonra çeşitli yöntemlerle bireye özümsetilen tüketici kimliği, bireylerin ve toplumların temel göstergesi olacaktır. Dolayısıyla, bir ücret karşılığı verilen emek bir tüketim karşılığı verilecektir. Demirel ve Yeğen'in (2015:119), Öngen'den aktarımıyla, ücretli emek, yalnızca üretim ve emek süreçleri içerisinde değil, tüketim başta olmak üzere, yaşamın her alanında sermayenin yönetimi altına girmiştir. Sermaye, üretici kimliği ile değersizleştirdiği bireye yeni bir kimlik olarak tüketimi yüklemiş ve tüketici rolündeki bireyi adeta bir "kral" gibi karşılamıştır. Sermaye, tüketici kimliğinin oluşması esnasında toplumsal sosyal gerçeklik algısı ile oynamış ve tüketimi ilahi bir emir olarak sunmuştur. Dolayısıyla, tüketim bireyi çevrelemiştir. Senemoğlu'nun (2017:75) ifadesiyle, tüketim, kimlik duygusunun gelişimini çevreleyen olgularla çok çok iç içe geçmiş durumdadır. Boocock, "bu nedenle tüketim, ekonomik olduğu kadar, aynı zamanda toplumsal psikolojik ve kültürel bir olgu olmaya da devam edecektir" demektedir. Buradan hareketle, sermaye tüketim sarmalı ile bireyin ve toplumun tüm yapı taşlarına yerleşmiştir demek yanlış olmazsa gerek. Artık bireyler, üretim ve tüketim süreçlerindeki rollerini netleştirmiştir ve kendini topyekûn sermayenin eline teslim etmişlerdir. Bireyler, üretim süreci içerisindeki görevlerini tamamladıktan sonra, kendilerine verilen boş zaman içerisinde de tüketerek ekonomik sistem içerisindeki görevlerini yerine getirmek durumundadırlar (Osmanlı ve Kaya, 2014:13).

PET ŞİŞELİ MODERNİTE...

Tüketim toplumuna giden yolda atılan en büyük adım, şüphesiz teknolojik gelişmelerin sermaye tarafından kullanılması olmuştur. Özellikle endüstriyel gelişmeler neticesinde yeni ürün arzının oluşması ve ürün yelpazesinin genişlemesiyle birlikte, tüketim dinamikleri hızlıca yer edinmiştir. Tüketim dinamiklerinden kastedilen, tüketim ideolojisidir. Kapitalistler, tüketimi bir ideoloji olarak benimsetmişlerdir. Şan ve Hira'nın (2004:13) ifadesiyle, tüketim ideolojisi ile birlikte, sahip olduğu şeyleri saklamak, onlara bakmak ve kullanabildiği kadar kullanmak tutumu, II. Dünya Savaşı ile beraber ortadan kalkar. Yerine ise bireylerin atmak için satın aldığı, "kullan, tüket ve at" safhasına geçilir. Hiç şüphesiz bu geçişe, petrokimya endüstrisinin katkısı büyüktür. Bilindiği üzere, 1940'lı yıllarda petrolün kimyasal parçalanması gerçekleştirilmiştir. Bunun neticesinde, başta plastik olmak üzere, petrokimya endüstrisi gelişim göstermiştir. Petrokimya ürünleri ile uzun ömürlü metaller yerini muadili olan kullan at ürünlerine bırakmıştır. Bu ürünler, yeni bir yaşam formunu beraberinde getirmişlerdir. Bu form ise sermaye tarafından sömürülmüş ve dahası yaygınlaştırılmıştır. Bugün dahi, pek çok alanda bu ürünlerin yaygın kullanımı ile karşılaşılmaktadır. Post-modern toplumda tüketim, ihtiyacın basitçe giderilmesinden öte bir hal almıştır. Sürekli yenilenmesi gerektiğine inandırılan bu metalar ile artık tüketimin kendisi de bir ihtiyaç haline gelmiştir. Bu ihtiyaç, kapitalistlerin ürettiği yapay bir ihtiyaçtır ve fakat bireyler bunun farkında değillerdir. Tüketimin devingenliği, bireyi bir ütopyanın içinde derin bir uykuya sürüklemiştir. Çünkü kapitalist sistem, bireyi üretime bağlı kalmaya ve tüketici rolündeki performansını sergilemeye şartlandırmıştır. Birey tüketerek kendi fayda maksimizasyonuna hizmet ettiğine inandırılmıştır. Söz konusu inanç, bireyi "homoeconomicus" olarak tanımlamaya olanak tanımaktadır. Bu anlamda homoeconomicus insan, Aydın'ın (2012:3) ifadesiyle, tüketici olarak fayda maksimizasyonuna, üretici olarak da kar maksimizasyonuna şartlanmıştır. Tabii ki, kapitalistlerin fayda maksimizasyonundan anladıkları, ceplerine giren her bir dolardır. Dolayısıyla, her anlamda ve süreçte kar maksimizasyonudur. Birey yaşamın her alanında ve her anlamda kapitalizme hizmet etmektedir. Kapitalizmin bu hizmete karşı sunduğu büyü bozulmamalıdır. Birey buna kalkıştığı anda ona mutsuz olma hakkının olmadığı hatırlatılır. Bu mutluluğun devam etmesi, tüketimin devingenliğine bağlıdır. Tüketimin devingenliği petrokimya ürünleriyle buluşunca "dinamik tüketim" ortaya çıkacaktır. Çünkü Stagflasyon Krizi'nden sonra tüketim olgusu, artık bir ihtiyacı gidermek olarak algılanmamaktadır. Demirel ve Yeğen'in (2015:121) ifadesiyle, tüketimin, ihtiyaçların giderilmesinden öte bir işlevi bulunmaktadır ve tüketim bu anlamda, kapitalizm uygulamaları ile ideolojilerinin meşrulaştırılması anlamında belki de öne çıkardığı faaliyet ya da çağrısıdır. Dinamik tüketim burada kapitalistler için sihirli bir çözüm önerisidir. Dinamik tüketim ile ürünler/ metalar, kullanım ömrünü doldurduğu ve ihtiyaç gideremediği için değil, bir yenisi piyasaya sunulduğu için değiştirilecektir. Ayrıca çıkan her yeni ürün ile bir önceki, eski ve utanılır bir durum olarak gösterilecektir. Bu duruma en uygun örneği, başta cep telefonları olmak üzere, teknolojik ürünler oluşturmaktadır. Bu durumu otomobiller üzerinden örnekleyen Şahin'in (2009:14) ifadesiyle, sihirli çözüm dinamik tüketim ile anlatılmak istenen basittir. Tüketiciler, otomobillerini bir yeri eskidiği ya da bozulduğu için değil, sadece modası geçtiği için her yıl değiştireceklerdir. Şahin'in otomobiller için tasvir ettiği bu manzara, tüm metalar için kullanıma ve örneklemeye uygundur.

Bu durumun kilit noktası modadır. Moda, dinamik tüketimin temel anahtarıdır. Dinamik tüketimin, post-modern hayatta yer edinmesiyle birlikte, toplum ve birey tüketime tamamen teslim olmuş durumdadır. Artık yaşanılan hayat tarzı, "yenisini al ve eskisini yok et" sloganıyla özdeşleşen bir tarzdır. Dolayısıyla artık hem bir yandan meta gösterge olmuştur hem de birey, kapitalizmin istediği "ideal birey" olmuştur. Bu noktadan itibaren tamir veya uzun süreli kullanım durumu ortadan kalkmış ve ürünler ömrünü tamamlamadan kullanım dışı olmaya başlamıştır. Çünkü "tüketim ama daha fazla tüketim" algısı, dini bir boyut kazanmıştır. Artık tamircilik, deyim yerindeyse anarşistlik olarak görülmeye başlamıştır. Artık birey ve toplumlar tüketerek ibadet yapmaktadır. Milenyum sonrası yapılan pek çok çalışmada görülebileceği gibi, tüketim hazzı ile dini ritüelleri yerine getirme noktasındaki "haz" aynı oranda çıkmaktadır.

İDEAL DÜNYANIN ÇÖPLERİ...

Haz, post-modern bireyin püriten etik kırılmasındaki duygusal boşluğunu dolduran temel faktördür. Püriten etiğin dünyevi sadeliği ve ahlak anlayışı, post-modern ideal dünyada her türlü dünyevi hazza yönelecektir. Hatta öyle ki, çalışma olgusu gibi değerler hazza ulaştırıcı bir kolaylayıcı olarak tanımlanacaktır. Şan ve Hira'nın (2004:4) aktarımıyla, Oskay'a göre, eski dünyevi sofuluk, yerini oluşmaya başlayan ve tüm toplumsal sınıflara yayılan kitle kültüründeki çalışmanın kendisi de bir değer olmaktan çıkarak dünyevi her türlü hazza ulaştırıcı bir araca dönüşmeye başlamıştır. Post-modern dünyada haz, arzulanan metaya ulaşmakla sağlanmaktadır. Sermaye tarafından birey, ideolojik bombardımanlarla hazcı bir düşünce tarzına yönlendirilmektedir. Bu nedenledir ki post-modernite ve post-modern birey "ben" merkezlidir. Bayhan'ın (2011:196) ifadesi ile modernitenin püriten etiği yerine post-modernitenin hedonist/narsis etiği, davranışlara ve zihniyetlere model olacaktır. Dolayısıyla bireyin egosu ön plana çıkacak ve birey tüketim anlamında Hitlervari bir tutum sergileyecektir. Öte yandan, "ben" merkezli oluşu geleneksel kültür ile olan tüm bağını koparacaktır. Sermaye, ona (mutluluk) vaat edecek ve kendisinden tüketmek istediği nesnelerden başka hiçbir şey düşünmemesini isteyecektir. Örneğin, Latin Amerika ülkelerinde kıtlıktan kırılanları post-modern dünyanın bireyleri göz ardı edecektir. İşte burada bireyin ahlak anlayışı, büyük bir kırılma geçirecektir. Kapitalizm ahlak yargısı olan para, bireyin ahlak dünyasını yeniden hedonist olarak şekillendirecektir. Saklı'nın (2007:16) ifadesi ile post-fordizm ideolojisinde, bireyselleşme toplumu ön plana çıkacaktır. Bireyin tüketici/hazcı konumlandırması yerini sağlamlaştırmıştır.

Post-modern/İdeal Dünya, yeni bir birey türü çıkarmıştır. Bu birey, tüketim odaklı yaşam süren ve hazcı bir bireydir. Hazza ulaşma noktasında tüketim, "vazgeçilmez" algısı taşımaktadır. Yeni insan tipini anlamlandırmak için çok çeşitli yönlerden olaya yaklaşmak gerekir. Şahin'in (2009:12) ifadesi ile ideal insan tipini anlamak istiyorsak, onu çevresindeki nesneler dünyasının sürekli etkisine maruz kalan, yaşamın en derin noktalarında bile oradan izler taşıyan bir varlık olarak düşünmemiz gerekir. Çünkü etrafı metalar ve metalara yüklenen anlamlar üzerinden yayılan mesaj bombardımanları ile doludur. Bu noktada birey, kapitalist tüketim çarkına eklemlenmiş durumdadır. Durumun en vahim olan tarafı, bu noktaya hegemonik ilişkiler ile getirilmiş olmasıdır.

Post-modern bireyin tüketim zincirine eklenmesi ve zevk almasının nedeni aslında "değer" vermesidir. Post-modern birey; ihtiyacı olanı değil, değer verdiği, ilgi çekici bulduğu nesneyi istek ve sonrasında da arzu haline getirir ve satın alır. Yani tüketir. Bu nedenledir ki tüketimden haz duyar. Bu hazzın temeline inildiği zaman ise yine üretim süreci ile karşılaşılmaktadır. Çünkü birey, üretilen bir ürünle ideolojik olarak mutluluk edinme güdüsü ile çevrelenmiştir. Şentürk'ün (2008:224) ifadesi ile kişinin canlı kalmak ve mutlu olmak için başkalarının değerli bulduğu ve karşılığını ödemeyi değer gördüğü bir şey yapması gerekir. Bu yapması gereken tüketmektir. Tüketimin benimsenmesinin başlangıcı burasıdır. Üretim ve tüketim Modern Toplum'da mübadele konusu olmuş, fakat post-modern toplumda, haz faktörü ile tüketime bağlanmıştır. Tüketim, sermayenin çıkarları doğrultusunda geri dönülemez bir yolcuğa çıkmış ve toplumların kaderlerini tayin etmeye başlamıştır. Post-modernizmin eleştirisi bu noktada tüketimsel açıdan toplumların bir aşırılıklar çağına girmesidir. Aşırılık dönemi, doyumsuz bir hazza sahip olan post-modern/İdeal bireyi ortaya çıkarmıştır.

İdeal formuna ulaşıldığı söylenen ve üretim odaklı yapıdan tüketim odaklı yapıya bürünen kapitalizm, toplumlarda uyguladığı normları da değiştirmiştir. Kapitalist üretim sisteminde var olan disiplin, esneklik olgusu ile başkalaşım geçirmiştir. Özmakas'ın (2015:12) aktarımı ile Hard ve Negri'ye göre hem ekonomik hem de genel anlamda modernden post-moderne geçiş aynı zamanda "disiplin toplumundan kontrol toplumuna" geçişi de gösterir. Artık Fordist üretimin katı kuralları yerini nasıl ve nerelerde harcama yapılacağı noktasını kontrole bırakmıştır. Bu kontrol, özellikle neo-liberal politikalar ile sermayenin yani kapitalistlerin eline bırakılmıştır. Sermaye, ideal bireyi kendi çıkarları doğrultusunda şekillendirmiştir. Özmakas'ın (2015:22) aktarımıyla, Pierre Dardot ve Christian Laval'a göre, "liberal politikaların ufku ve referansı, kendi çıkarlarının peşinde koşan, özsevgisini tatmin etmeye çalışan ve kendisini harekete geçiren tutkulu motivasyonlarla tanımlanan yeni bir insandır". Bu şekillendirme hem ideolojik olarak hem de fiziki olarak yapılmıştır. Bu duruma en güzel örnekler spor salonlarıdır. İdeal dünyanın bireyleri bir yandan kendisine arzulatılan - başta gıda maddeleri olmak üzere- nesneleri tüketirken diğer yandan sağlıklarından olmuşlardır. Öte yandan, aynı sermayenin algı oyunlarıyla kendi bedenlerinden utandırılmışlardır ve spor salonlarına akın etmişlerdir. Günün sonunda kapitalistler her açıdan ve her safhada kâr elde etmişlerdir.

KAPİTALİZM'E DOĞAN ENFORMASYON...

Post-fordist paradigma, sanayi-kapitalist toplumları hizmet sektörüne taşımıştır. Bu durum aynı kapitalist anlayışta büyük bir kırılma noktası yaratarak tüketim odaklı yapıya bürünmesini sağlamıştır. Post-modern toplum ve bireyler tüketim ideolojisi ile yaşamlarına devam etmektedirler. Süre gelen bu süreçte en büyük etken, altının tekrar çizileceği üzere, teknolojik gelişmelerin sermaye tarafından kullanılmasıdır. Teknoloji, esnekliği getirmiş ve arz edilen ürünün çeşitliliğini sağlamıştır. Fakat burada daha önemli bir etkisi olmuştur. Bu etki, ideolojilerin yaygınlaşmasının sağlanmasıdır. Teknolojilerin gerek fabrikalarda gerek toplumlarda yaygın kullanımı ile ideal dünyanın ideolojisi benimsetilmiştir. Neo-Schumpeteryen olarak anılan yaklaşım Saklı'nın (2007:10) ifadesi ile kapitalist gelişmenin aşamalarını kullandığı teknolojik içerikle belirlemektedir. Bu şekilde kapitalizmin tarihi, teknolojik devrimler tarihi olmakta, post-fordizm ise enformasyon teknolojisi çağı olarak adlandırılmaktadır.

Bu yaklaşım ile ideal dünya "enformasyon toplumu" olarak tanımlanabilir. Yalnız enformasyon kavramında "bilgi" den kasıtlı olarak bir yönlendirme olduğunu söylemek mümkündür. Dolayısıyla bilgi ve enformasyon kavramlarını karıştırmamak gerekmektedir. Günün sonunda, tüketimi en çok yapılan şey enformasyondur. Kapitalistler bireyi çeşitli yollarla mesaj yağmuruna tutmaktadırlar. Bu mesaj yağmurlarının en yoğun biçimi reklamlardır. Reklamlar aracılığıyla ürün değil yeni bir yaşam formu sunulmaktadır. Sunulan bilginin yönlendirilmiş olması ve uygulama alanı bulmasıyla toplumun, "enformasyon toplumu" olduğunu söylemek mümkündür.

Bir başka açıdan bu süreç, serbest piyasa ekonomisine de yeni bir soluk katacaktır. Enformasyon teknolojileri ile birlikte sanayi kapitalizmi, "finans-kapitale" evrilecektir. Özellikle enformasyon teknolojilerinin ve akımındaki gelişmelerin hem finansal piyasalar üzerinde hem de giderek reel piyasalar üzerinde kapitalizmin yeni bir tekno-ekonomik paradigmaya dayanan yeni bir birikim rejimini oluşturacak kadar büyük bir dönüşümden söz etmek mümkündür (ses.org.tr, 2019). Dolayısıyla, net bir şekilde artık meta değil para birikimi yapılmaya geçilecektir. Ki aynı dönemlerde bankacılık ve finans sistemi aşırı gelişme göstermiştir. Bankacılık ve finans sektörünün gelişme göstermesiyle birlikte neo-liberal politikaları yaygınlaştıran ABD'nin çıkarlarına en uygun model olduğu öngörülen paracı(monetarist) politikalar uygulanacaktır. O günkü konjonktürde, Daldal'ın (2009:57) ifadesi ile, dünyanın egemen gücü ABD'nin çıkarlarına en uygun sermaye birikim alanı finans kapital olduğu için, kapitalist sistemin yeni modeli de monetarist (paracı) makro iktisat politikaları olmuştur. Cambazın Arzusu'nda anlatılan kapitalist gelişme, ABD kapitalizmidir. Zira bugün halen uygulanan model budur. ABD'nin egemen güç olması hususu, Cambazın Arzusu'nun temel nüvesini oluşturmakla birlikte ilerleyen bölümlerde ek bilgi olarak aktarılacaktır.

DÜNYA KÜRESELDEN İBARET...

Kapitalizmin en temel özelliği, şüphesiz esnekliğidir. Sistem, bu esnekliği sayesinde pek çok kez krize girmiş olmasına rağmen bu krizlerden çıkmayı başarmıştır. İşte bu noktada kapitalizm, 1973 yılında yaşadığı Stagflasyon Krizi'nden iki etken ideoloji ile çıkmıştır. Bunlardan biri, anlatı gelen post-fordist paradigmadır. Fakat daha önemli ve etkili olanı ise küreselleşmedir. Nasıl ki II. Dünya Savaşı efektif talep yaratarak Büyük Buhran'a çare olmuşsa, küreselleşme ideolojisi de Stagflasyon Krizi'nin aşılmasında önemli bir rol oynamıştır. Robinson'un (2002:162) ifadesiyle, II. Dünya Savaşı sonrası genişleme- kapitalizmin altın çağı- yeniden yapılanma ve dönüşüm sürecini harekete geçirerek, 1970'lerde krize girdi. Bu krize sermaye, küreselleşerek cevap verdi. Çünkü küreselleşme, Refah Devleti döneminde özüne dönmek isteyen liberalizmin bulunmaz fırsatı olmuştur. Zira post-fordist üretim rejiminde, üretimin esnekliğinin sağlanmasıyla birlikte mekân bağımsızlık sağlanmıştır. Dolayısıyla, ulus ötesi üretim ve birleşim görüşü yer edinmiştir. Ulus bağımsız üretim, ekonominin uluslararası merkezlerde toplanmasını sağlamıştır. Aslında küreselleşme denilen şey, çok sonraları görüleceği üzere, şirketlerin küreselleşmesidir. Robinson'un (age:141) ifadesiyle, üretimin dünya çapında merkezsizleşmesi, küresel ekonominin denetim ve yönetiminin merkezileşmesiyle gerçekleşir. Üretimin dünya çapında merkezsizleşmesi, "ulus devlet" kavramını eleştiriye açmıştır. Çünkü ulusal sınırlar içerisinde dolaşan kapitalist sermaye, artık uluslararası bir boyut kazanmıştır. Dolayısıyla artık çok uluslu şirketler görülmeye başlanmıştır. Çok uluslu şirketlerin ise dünya ekonomisindeki güçleri artmıştır. Küreselleşme, çok uluslu şirketleri gündeme getirmiş ve piyasayı bu şirketlere vermiştir. Bu şirketler ise, neo-liberal politikalar ile serbest piyasa ekonomisini savunarak hayatlarına devam etmişlerdir. Küresel serbest piyasa ekonomisi, Duman'ın (2016:18) ifadesiyle, arz ve talebin temel belirleyici olarak kabul edildiği ve devletin ekonomiye müdahale etmediği bir sistemdir ve bu sistemin özünü "laissez faire" felsefesi oluşturmaktadır. Küreselleşme, neo-liberaller tarafından kullanılan, belki de en iyi pazarlama malzemesi olmuştur. Çünkü şirketler, devletlere ve toplumlara hayatta kalmak için yerellikten kopmaları gerektiğini salık vermişlerdir. Bu durum, küreselleşmenin ana söylemini oluşturmaktadır. Bu noktada küreselleşme, neo-liberal politikalar ve "Yeni Dünya Düzeni" söylemi eşliğinde, sınıf çelişkilerinin bittiği, tarihin sonuna gelindiği vb. iddialarla uluslararası sermayenin, dünyaya kendi ihtiyaçları doğrultusunda biçim verme isteğinin ideolojik bir argümanı olarak pazarlanmış ve hayli alıcı bulmuştur (evrensel.net, 2018).

Oysaki durum, hiç de göründüğü gibi değildir. Bu durum, şirketlerin ve sermayenin toplumlara dayattığı bir ütopyadır. Çünkü küreselleşme ile birlikte sınıf çelişkileri daha da artmıştır. Yeni Dünya Düzeni, eşitsizliklerin ve adaletsizliklerin düzeni olmuştur. Öyleyse, sorulması gereken soru, şirketlerin toplumları bu ütopyaya nasıl inandırdığıdır. Bu sorunun cevabı, üretimin dünya çapında esneklik kazanmasıdır. Üretimin dünya çapında esneklik kazanmasıyla şirketlere dolaşım serbesti getirilmiştir. Dolaşım serbestiyle çok uluslu şirketler, daha ucuza çalışabilecek toplumlarda üretim yapmaya başlamış ve bireyin emek gücünü çok daha rahat sömürmeye başlamışlardır. Öte yandan, işçi maliyetini düşürerek kar maksimizasyonuna hizmet etmişlerdir. Aynı zamanda da bu toplumları yeni potansiyel müşterileri olarak görmüşlerdir. Daha da ötesi, birleşme ve satın almalarla dünya piyasasındaki hâkimiyetlerini pekiştirerek, fiyat belirleyici konumuna gelmişlerdir. Bu noktada birey ve toplumları kendine tam bağımlı hale getirmişlerdir.

Ayrıca, başka bir açıdan, kurtulmak istedikleri Refah Devleti politikalarından kaçma fırsatı bulmuşlardır. Bireylerin kazandıkları sosyal hakları vermekten sakınmış ve bireyi, istedikleri koşul ve yöntemlerle hâkimiyeti altına almışlardır. Araman'ın (evrensel.net, 2018) aktarımıyla, John Gray'a göre, "sosyal demokrasi yeniden diriltilemeyecek bir dünyaya aittir". Neo-liberal yeni dünyada sosyal hakların terki, yoğun kontrol ve baskıyı beraberinde getirmiştir. Bir diğer deyişle, "disiplin toplumundan kontrol toplumuna" geçişe de zemin hazırlamışlardır. Post-modern olarak tanımladıkları ideal bireyi, tüketim ile kontrol altına almışlardır.

Kapitalizm, sermayenin küreselleşmesini ve ideal bireylerin durmaksızın tüketmesi noktasındaki heveslerini, uluslararası birleşmeler ve finansal piyasanın bütünleşmesiyle sağlamıştır. Şirketlerin küreselleşmesine bakılırken, topyekûn tüm sektörlerin bu atılımlar içerisinde olduğunun altı çizilmelidir. Robinson'un (2002:150) ifadesiyle, sınır ötesi birleşme ve satın almalar; telekomünikasyon, otomobil, finans gibi dünya ekonomisinin sadece en küreselleşmiş sektörlerini kapsamaz, dev perakendeciler, temel tüketim malları, kimyasallar, çelik, ilaç ticaretini yapan şirketleri ve hukuk firmalarından sigortaya, yönetimden kamu hizmetlerine kadar sayısız hizmeti de kapsar. Bu noktada gerek şirketler gerekse devletler, büyük yapısal dönüşümler geçirmişlerdir. Özellikle neo-liberal politikalar ile birlikte, akla gelebilecek her türlü aktivite piyasa serbestine bırakılmıştır ve kapitalist tüketime mahkûm edilmiştir. Tüm bu süreçte küreselleşme olgusu, karmaşık bir yapı olarak hafızalarda yer edinmiştir. Bu durum, küreselleşmenin sadece ekonomik değil, şirketler tarafından yönlendirilen pek çok boyutunun olduğu gerçeği yüzündendir. Özetle, küreselleşme, siyasi açıdan ABD hegemonyasını, ekonomik açıdan uluslararası sermayeyi, kültürel açıdan tüketim kültürünü savunmakta olan bir ideolojidir. Şen'in (2008:149) deyimiyle, ağırlıklı liberalizmin ideolojik dolgusu, savları ve toplum tasarımıyla uyumlu kapitalist bir dünya ekonomisinin, tek bir küresel pazar ve piyasanın hâkimiyeti kabulüne yaslanan felsefi tutum olarak ekonomizm belirgindir. Bu tutum, alış çerçevesinde bir yandan çok uluslu şirketler ve ulus ötesi yatırım-üretim-ticaret ağlarıyla, diğer yandan devasa boyutlara ulaşan finansman akışlarıyla ekonominin ulusal sınır ve kontrolleri delip geçtiği küresel ekonomi düşüncesi önem kazanır.

Aslında buradan hareketle, küreselleşme ideolojisinin tüm dünyayı üretim ve tüketim açsından tek bir pazar (-ama şirketlerin hâkimiyetindeki) olarak görmek niyetinden hareketle ortaya atıldığını söylemek mümkündür. Uluslararası birleşmeler ve neo-liberal ideolojiler ile dünyanın kilidi, şirketlere yani kapitalistlere teslim edilmiştir. Sermayenin tek bir yerde toplanıp küresel boyutta işlev görmesi, şirketlerin rahat dolaşım adına yaptıkları bir kampanyadan ibarettir. Robinson'un (2002:138) ifadesiyle, ekonomik bütünleşme süreçleri ve neo-liberal yapısal düzenleme projeleri, ulus ötesi sermayenin kendi etkinliklerine her ülkeyi açma, malların ve sermayenin hareketinin önündeki tüm engelleri yıkma ve küresel sermayenin tüm ulusal sınırları boyunca müdahale edilmeksizin işleyebileceği tek bir birleşik alan yaratma kampanyası tarafından yönlendirilmiştir. Bu kampanya, ulus aşırı sınıfın oluşmasına öncülük etmiştir. Küreselleşme rüyası öyle bir boyut kazanmıştır ki, artık küresel veya çok uluslu şirketlerden değil, "ulus aşırı" şirketlerden bahsedilmektedir. Zamanla şirketler değişim göstermiştir. Bu süreç sonunda bir "küresel elit" oluşmuştur. Merkezden dünyaya yayılan bir elitin şirketleri hafızalarda yer edinmiştir. Bu duruma, teknolojik gelişmeler ve teknoloji tüketiminin etkisi büyüktür. Bu ulus aşırı şirketlerin merkezleri ise Japonya, Güney Kore ve Kuzey Amerika'dır. Bu küresel elit, bugün dünyaya yön vermektedir. Ve bu küresel elit, eşitliklerin, refahın artacağı söylemleri ile dünyanın yönetimine el koymaktadır. Bu yönetimi ticaret ile yaptıkları, su götürmez bir gerçekliktir. Güler'in (youtube.com, 2017) ifadesiyle, 2017 verileri ile dünyada 42 kişinin serveti, dünyanın %50'sine eşittir. Aynı zamanda bu elit, dünya ticaretinin %60'ını kontrol etmektedir. Dolayısıyla bireyi, toplumu ve kültürü rahatlıkla değiştirebilmektedir. Monetarist piyasanın hedonist tavrıyla bireyler ve toplumlar, serbest pazar sarmalına yönlendirilmiş ve rızayla dâhil olmuşlardır. Bireylerin ve toplumların rızasını alan söylemlerden özgürlük ve eşitlik söylemleri ise giderek had safhaya ulaşmıştır. Kapitalizmin küresel etki alanı, dengesizlikler arenası olarak yer edinmiştir. Bu nedenle küreselleşme, bugün halen etik ve felsefi açıdan eleştirilmektedir.

ULUSLAR ÇOK SINIRLIDIR; GELSİN KÜRESEL SERMAYE...

Küreselleşme sürecinde aktarıldığı üzere, ulusal kapitalistler ulus aşırı bir konum kazanmışlardır. Küreselleşme; emek, üretim ve tüketim anlayışında yeni bir boyut olarak esnekliği hafızalara kazımıştır. Artık, ulus aşırı üretim ve dolaşım hayata geçirilmiş ve toplumlar serbest piyasaya bırakılmışlardır. Bu sürece en büyük katkıyı teknolojik gelişmeler sağlamıştır. Teknoloji, bütün üretim süreçlerinin ötesinde, toplumları yeniden dizayn etmiştir. Bu yeniden tasarım, aynı zamanda toplumların sermayenin eline bırakılmasıdır. Küreselleşme sürecinin teknolojik temelini oluşturan ve aslında kapitalizmin 70'lerde ki en önemli krizlerinden birine yanıtı olarak görülebilecek olan "enformasyon" ya da İşaya Üşür' ün (1998) deyimiyle, "malumat" teknolojilerindeki gelişmelerin bütün üretim süreci üzerindeki etkisi sermayenin gerçek boyunduruğuna verilebilecek iyi bir örnek gibi gözükmektedir. Sermaye, krize küreselleşerek cevap vermiş ve dünyayı McLuhan'ın dediği gibi "küresel bir köy" olarak görmüştür. Sonrasında ise, kendi çıkarları doğrultusunda ve kendi yöntemleriyle dünyayı bir ağ ile sarmıştır. Farklı eyleyişleri birbirine bir ağın halkaları olarak eklemlemiştir. Bu nedenledir ki, küreselleşmenin yeniden yorumlandığı topluma "Ağ Toplumu" denilmektedir. Çünkü artık emek, finans, tüketim, üretim, ulaşım vb. bütün olgular mekân bağımsız olarak yönetilmektedir. Mekân bağımsızlık, olguların bir ağ topolojisi içerisinde dolaşımına imkân tanımıştır. Özellikle emek, maddi alanda kurulan temastan soyutlanarak ve enformasyon teknolojileriyle birleştirilerek maddi olmayan/ soyut emek haline indirgenmiştir. Dolayısıyla, Özmakas'ın (2015:16) ifadesiyle, Fordist sürecin bir simgesi olan "üretim bandı" nın yerini maddi olmayan emeğin enformasyon teknolojilerine dayanarak örgütlenmesinden ötürü, ağ modeli almıştır. Sonraki süreçte emek, zaman ve mekân bağımsız olarak işleve sunulmuştur.

Dünyanın küresel bir köy haline gelmesi, şüphesiz iletişim ve ulaşım ağlarının tasarlanmasıyla olmuştur. Küresel bir iletişim ağı için, telgraf ve demiryolları ilk örnekleri oluşturmuştur. Kapitalizm, aktarıldığı üzere trenlerle Avrupa'ya taşınmıştır. Sonraki süreçte, yine 1970'lere tekabül eden zaman diliminde internet teknolojilerinin kullanıma sunulması ve demiryolları, denizyolu gibi ulaşım ağlarının kolaylaştırılmasıyla, küreselleşme ivme kazanmıştır. Aynı dönemde küreselleşme, altyapısal desteğini kazanmıştır. Böylelikle Dünya, üretim ve tüketim açısından tek bir pazar haline bürünmüştür. Emek, bu pazarda yerel alandan bölünerek küresel arenaya çıkmıştır. Diğer bir deyişle, iş bölümü yapılmıştır. Örgütlenmelerde iş bölümü, bireyin yetenekleri ve üretim kapasitesi açısından gerçekleşmektedir. Castells'in gözlemine göre, farklı ülkelerde konumlanmış emek gücü, bu çok uluslu ağların farklı işlevleri ve stratejileri arasındaki iş bölümüne bağlıdır (akt. Robinson, 2002:148). Ulus aşırı şirketler ise bu iş bölümünü organize etmekte ve yönlendirmektedirler.

Öte yandan, Ağ Toplumu kavramına sadece üretim bazlı bakmak yanlış olacaktır. Çok uluslu ya da ulus aşırı şirketler, bu ağlar içerisinde ve sayesinde toplumlarda rahatlıkla dolaşabilmektedirler ve ticari faaliyetlerini yürütebilmektedirler. Yapısal ağlar arasında sadece mallar değil, finans ve ticaret koşulları da dolaşmaktadır. Dolayısıyla sermaye, serbest piyasada dolaşım gerçekleştirebilmektedir. Küresel finans aktörleri, bu ağlar neticesinde yerkürenin her noktasına rahatlıkla ulaşabilmekte ve ideolojilerini taşıyabilmektedirler. Küreselleşmenin ideolojisi ise değişimdir. Değişim, Yeni Dünya Düzeni ile bütünleşme ve sistemi dinamik kılma, kapitalistlerin küreselleşme süreci içerisinde istediği ve savunduğu temel değerdir. Sistemi kabullenme, sistemin dinamiklerini kabul etmek olarak görülmektedir. Bu noktada, Şen'in (2008:149) ifadesiyle, mal, finans, sermaye, imaj gibi her bir metanın küresel bir ağ içerisinde dolaşıma girdiği bu yeni dönemde değişim, hız ve rekabet, küresel çağın temel karakteristiği ve sistemi yeniden üretici dinamik olarak görülür. Bu dönemde sermaye, küresel finans merkezlerinde toplanmıştır ve artık rekabet küresel şirketlerin arasında geçmektedir. Rekabetin büyüklüğü, bireyler ve toplumlar arsındaki eşitsizlik ile pozitif ilgileşim göstermektedir. Rekabet arttıkça hem çalışma koşulları kötüleşmekte ve insan sermayesi giderek zorlanmakta hem de tüketim potansiyeli azalmaktadır. Tarih sahnesinde tekrar tekrar görülecektir ki, bu durum pek çok krizi daha tetiklemeye devam edecektir. Aynı zamanda dijital teknolojilerin ve dijital iletişim ortamlarının yaygınlaşmasıyla insan sermayesi, sadece üretici olmanın ötesinde artı değer kazanacaktır. Özellikle internetin 1990'lar sonunda sivil kullanıma açılmasıyla, dijital emek ile birlikte birey, bir artı değer üretici güç olacaktır. Castells'in ifadesiyle, yeni enformasyon teknolojileri yalnızca uygulanacak araçlar değildir ve aynı zamanda geliştirilecek süreçlerdir ve bu sebeple tarihte ilk kez insan aklı yalnızca üretim sürecinin belirleyici bir unsuru olmakla kalmamış, doğrudan bir üretim gücü olmuştur (ayrintidergi.com, 2019). Sermayenin elindeki koz, bu noktada sağlamlaşmıştır. Küresel bir ağ içerisinde artık gerek fiziksel/ donanımsal gerekse soyut bileşenler üretilebilmekte, üstelik bu durum zaman ve mekân bağımsız olarak yapılabilmektedir. Sermaye, bu ağ içerisinde istediği en uygun üretim maliyetine ulaşabilmektedir. Dahası aynı zaman ve mekânda satışı gerçekleştirerek, kar marjını yükseltmektedir. Bu durumun en belirgin örneğini teknoloji tüketimi ve üretimi oluşturmaktadır. Birey, ürettiği teknolojinin esiri olarak aklını sermayeye bağlamaktadır. Bireyler ve toplumlar, kendi ürettikleri teknolojiyle sermaye tarafından kendi üzerlerinde oluşturulan gücün farkında olmadan, teknolojiye göre hayatlarını şekillendirmektedirler.

Ağ Toplumu'ndan bahsedildiği zaman değinilmesi gereken bir diğer nokta, küresel finans aktörleridir. Küreselleşme ideolojisinin oluşturduğu Ağ Toplumu, 1970'lerden bu yana hızla gelişen finans piyasalarına ivme kazandırmıştır. Neo-liberal politikalarla desteklenen küreselleşme ideolojisi, finans aktörlerinin paracı yaklaşımlarına artı değer olarak yansımıştır. Bu noktada tekrar etmekte fayda vardır. Artı değer, kapitalist dünya düzeninde cebe giren her bir doları ifade etmektedir. Neo-liberalizm ile öngörülen finansal liberalizasyon, Özgür ve Özel'in ifadesiyle, soyut bir kavramdan çok ABD dolar hegemonyası haline gelmiştir (ses.org.tr,2008).

Öte yandan küreselleşme sürecinde kendilerini yeniden yapılandıran ve küresel halini alan finans aktörleri, yönetim hevesini ulus aşırı uygulamak istemişlerdir. Bu aktörler için küreselleşme, Stagflasyon Krizi sonrası bir saldırı stratejisidir. Amin'e göre, neo-liberal politikalarla gelinen süreçte ise yüksek finans kesiminin tutkuları, ulusal piyasaların denetimiyle sınırlı değildir. Ayrıca tahakkümü küresel bir düzleme yaymak isterler. Küreselleşme, bu amaca hizmet etmek için devreye sokulmuş bir fetih stratejisinden başka bir şey değildir (akt. Daldal, 2009:59). Bu noktada küresel finans aktörleri, devletlerden kapılarını açmalarını ve piyasa üzerinde müdahalesini geri çekerek piyasa serbestisini sağlamalarını istemişlerdir. Dahası, bu isteklerini bir dayatma haline getirmişlerdir. 1991 tarihli SSCB'nin dağılmasıyla, "tek kutuplu dünya" algısı toplumlarda yer edinmiştir. Söz konusu bu durum, piyasa serbesti dayatmasını hem meşrulaştırmış hem de kaçınılmaz bir gerçeklik olarak algılatmıştır. Aynı döneme tekabül eden zaman diliminde, bir devrim olarak sayılabilecek internetin sivil kullanıma açılması, küreselleşme sürecine yepyeni bir boyut kazandırmıştır. Bu dönemden sonra internet, yeni bir ağ müessesenin belkemiği haline gelmiş ve çeşitli ulusal finans merkezleri telekomünikasyon alt yapısıyla birbirine bağlanmıştır.

Ulusal finans merkezlerinin bu küresel ağ içerisinde toplanmasıyla yeni yönetim merkezleri oluşturulmuştur. Bu merkezler uluslar üstü merkezlerdir. Dünya finans dağılımına yön veren ve Uluslararası Para Fonu olarak adlandırılan IMF, Dünya Bankası, Dünya Ticaret Örgütü, müesses nizamın yeni tahsis edicileri olmuşlardır. Dolayısıyla dünya yönetimi siyasi merkezli değil piyasa merkezli olmuştur. Bu durum ise toplumların arasındaki eşitsizlik düzeyini had safhaya çıkartmıştır. Gerek zihni gerekse kas gücü olarak bireyler, daha bağımlı hale gelmişlerdir.

Burada açılması gereken bir diğer kavram ise, bağlantılı olarak statüko(mevcut durum) kavramıdır. Statüko, öteden beri süregelen durum olarak tanımlanabilir. Genç'e göre ise statüko, bir ülkenin gelirini, giderini, siyasetini, kanunlarını, hukukunu temel belirleyenlerdir (youtube.com, 2019). IMF, toplumların kaderlerini serbest piyasaya bağımlı kılarak tayin etmektedir. Serbest piyasa ise, kapitalizmin vahşi halidir. Küreselleşme ve neo-liberalizmin tek amacı budur.

TÜKETİM YAPILANDIRIYOR KENTLERİ...

Küreselleşme ve beraberinde gelen Ağ Toplumu olgusu, modern dünyada pek çok yapısal değişime neden olmuştur. Bu değişimler, modern dünyanın yanı sıra ideal bireyi de yeniden inşa etmiş ve tüketici kimliğin inşası sürecini tamamlamıştır. Refah Devleti sürecinden bu yana süregelen tüketim odaklı yaşam tarzının benimsetilmesi görüşü, bu süreçte hayat bulmuştur. Devletlerin piyasa serbestine alan açması ve bu durumu politikalarla benimsemesi kapitalistlerin/ küresel finans aktörlerinin yayılımını açmıştır. Özüçetin'in (2017:328) ifadesiyle, kapitalist anlayış yayılmak için kendine yeni bir yol ve yaşam tarzını, küreselleşmenin içinde daha geniş ve serbest bir alan olarak görmüştür. Piyasa serbesti ile tamamen sermayenin eline bırakılan bireyler, kültürel değerlerinden sapmışlardır. Kentleşme ile yeniden inşa edilen kültürel değerler, bu sefer tüketim odaklı bir yapısal değişmeye uğramışlardır. Küreselleşme sürecinden itibaren net bir şekilde kendini gösterdiği üzere, artık modern toplumun kültürü "tüketim" kültürüdür. Zira ihtiyaçlar ve tüketim nesneleri, kültürel değerler etrafında doğar ve şekillenirler. Sermaye, ihtiyaçları manipülasyona uğratarak çeşitli kültürlere saldırıda bulunmaktadır. Yanıklar'ın (2010:26) ifadesiyle, tüketim kültürü, sürekli olarak bireyin dışındaki güçler tarafından belirlenen, ihtiyaçlar silsilesi yaratan ve herkesin tüketici olmasını gerektiren özel bir özgürlüğü zorunlu kılan bir kültürdür. Birey sürekli olarak tüketmek zorundadır. Çünkü tüketim, ihtiyacın giderilmesinden çıkartılarak bir kültür haline getirilmiştir. Kapitalistler, ihtiyaçlar ve arzular arasındaki farkları algısal oyunlarla göz ardı ettirmişlerdir. Arzular, hiçbir zaman yeri doldurulamayacak isteklere dönüştürülmüşlerdir. Hedonist tüketim anlayışı, bireyi hapsetmiştir. Çünkü Durkheim'e göre, artan üretkenliğe paralel olarak piyasa rasyonalitesi tarafından sınırlayıcı herhangi bir otoriteye tabi olunmaksızın, hiyerarşik toplumun en alt düzeyinden en üst düzeyine kadar bütün bireyleri kapsayacak bir boyutta, ihtiyaçlar ve arzular hangi düzeyde sınırlandırılması düşünülmeden uyandırılmışlardır (akt. Yanıklar, 2010:27).

Esasen tüketim, günlük yaşam pratiklerinin vazgeçilmez bir parçasıdır. Fakat tüketim kültüründe bu durum bir gösterge/şov durumuna indirgenmiştir. Tüketim, bireyin üretici rolünde değersizleşen kimliğine karşılık yeni bir kimlik arayışına cevap olarak gösterilmiştir. Duman'ın (2016:16) ifadesiyle, tüketim günlük yaşam sosyolojisi içerisinde kimliğin ayrılmaz bir parçası haline gelirken, tüketim kalıpları da kültürel ve sembolik değerleri yansıtan birer gösterge halini almışlardır. Diğer bir deyişle, kültürel değerler, tüketim nesneleri tarafından fethedilmişlerdir. Çünkü birey, dünyasını tükettiği ürüne göre şekillendirmektedir. Aynı zamanda toplumsal statü, tüketici potansiyeline göre verilmektedir.

Kültürün en önemli özelliği, içinde yaşayan bireyin aidiyet duygusudur. Gel gelelim bugünkü tüketim kültüründe aidiyet markalarla yapılmaktadır. Tüketici kimliğinin genişliğine ve tüketim tercihlerine göre bireyler, aidiyet sınıflandırmasına tabii tutulmaktadır. Uğur Batı'nın "Gündem Özel" adlı programın

1/10/2017 tarihli yayınında söylediği üzere, tüketim gerekiyorsa seni bir marka topluluğunun içerisine hapsediyor. İlk önce birey haline getiriyor, ardından kitlelerin bir parçası haline getiriyor. Sonra o kitlenin bir parçası olan birey olarak senin o toplumun dışındakilerle farkını ortaya koyuyor. Dolayısıyla tüketim kültüründe birey, daha öncesinde değersizleşen kimliğini kazanmak ve toplumun geri kalanı arasında bağlar kurabilmek ve ayrıca statü kazanabilmek adına, tüketici potansiyelini seferber etmektedir. Bu noktada arzın çoğalması ve yenilenmesi süresi boyunca, tüketim mamulleri ve onlara yaratılan ihtiyaçlar sınırsızlaştırılıyor. Bu da tüketimin devingenlik kazanmasını yani dinamik tüketimi tetikliyor. Dolayısıyla, Duman'ın (2016:17) ifadesiyle, kapitalizmin tüketici kültüründe tüketim, hiçbir zaman yeri doldurulamayacak ve doyurulamayacak olan duygusal eksikliklere tekabül etmekte, bu duygusal eksiklik, aynı zamanda tüketim toplumunu ayakta tutan onu durmadan yenileyen ve yeniden üreten bir kaynak işlevi görmektedir.

Tüketim kültürünün en can alıcı noktası ise göstergeleşen ihtiyaçlardır. İhtiyaçlar, sermaye tarafından manipülasyona uğratılmakta ve soyut anlamlar kazanmaktadırlar. Anlamlar dünyasında boğulan birey, kavram karmaşası içerisinde özünden uzaklaşmaktadır. Özünden uzaklaştıkça yalnızlaşmakta ve yalnızlaştıkça tüketim ile duygusal boşluğunu doldurmaya çalışmaktadır. Sırf bu yüzden, gerçekte neyin ihtiyacı olduğuna karar verememektedir. Bu noktada Duman'ın (2016:29) ifadesiyle, tüketim kültürünün en önemli özelliklerinden biri de tüketicinin gerçek ve sahte ihtiyaçlar arasındaki ince nüansı fark edememesi ve gerçekte neyin satın alınıp alınmaması gerektiği konusunda sağlıklı bir karar verememesidir. Zira günümüzde bir ürün alma eğilimi gösterirken, üründen ziyade o ürünün yarattığı duyguya göre satın alma davranışının gerçekleştirildiği söylenebilir. Yapılan çeşitli araştırmalarda, bireylerin satın alma davranışını duygusal zekâlarıyla gerçekleştirdiği gerçeğinin ortaya çıkması bariz bir örnektir. Bu noktada duygular, piyasa tarafından kullanılmaktadır. Çünkü piyasaya göre, satın alma hevesinin sönmesine izin verilmemelidir. Bu noktada manipülasyona uğrayan ihtiyaçlar yozlaşmaktadır. Adorno'da tüketim ile oluşturulmuş tüketici kültürünün aslında kültürün yozlaşması olduğunu söyler (Demirel ve Yeğen, 2015:127).

VARSIN SİZİN OLSUN AVM DOLU ALANLARINIZ...

Post-modern dünyanın ideal insanının tüketici kimliği ile ortaya çıkmasına, özetle yukarıda belirtilen faktörler sebep olmuştur. Bu faktörler bir tüketim kültürünü inşa etmiştir. Fakat kültür, soyut bir kavramdır. Kültürün göstergeleri, post-modern dünyanın işleyiş biçimidir. Post-modern dünyanın kentleri de bu anlamda süreç içerisinde gerek fiziksel gerek algısal olarak yeniden şekillenmişlerdir. Kentler, toplumlar ve devletler, iki önemli alan üzerine inşa edilmişlerdir. Bunlar devlet ve kamusal alanlardır. Toplumlarda, devlet dışında kalan bireyler kamuyu oluşturmaktadır. Bu bireylerin birbirleriyle temas halinde olduğu ve birbirleriyle iletişimsel eyleme geçtikleri alanlar kamusal alan olarak addedilmektedir. Kamusal alan denildiği zaman ise gerek sosyolojik gerekse iktisadi alanda akla gelen ilk isim Habermas'tır. Habermas özetle, kamusal alan kavramıyla, toplumsal yaşam içerisinde kamuoyuna benzer bir şeyin oluşturulabildiği, herkesin/ tüm yurttaşların erişebildiği bir alanı kastetmektedir (Olgun, 2017:45). Bu anlamda kamusal alan, bireyin iş ve eylemlerini gerçekleştirdiği ve aynı zamanda sosyalleştiği ve fakat tüketici olarak yoğun bir şekilde hedeflendiği bir alandır. Özellikle küreselleşme sürecinden bu yana, toplumlar piyasa serbestini uygulamaya başlamışlardır. Bu durumla birlikte toplumlar, ekonomi yoğunluklu ilişkiler geliştirmektedir.

Dolayısıyla, Koç'un da (2015:94) ifade ettiği üzere, kamusal alan- ekonomi ilişkisini, başka bir taraftan kamusal alanda hegemonyasını kabul ettirmeye çalışan bir sınıfın varlığı sonucunu da doğuracaktır. Bu sınıf, küresel finans aktörleridir. Küresel finans aktörlerinin isteği ise kentlerin üretim merkezlerinden arındırılması ve bireyin üretim gücünün kırılmasıdır. Kentler üretim merkezlerinden arındıkça tüketim odaklı yaşam yer edinebilecektir. Dolayısıyla bu durum, tüketim kültürünün başat faktörüdür. Devletler, benimsedikleri neo-liberal politikalarla üretim alanlarına müdahale etmişlerdir. Neticesinde kentler ve kentleşmenin yeniden yapılanması söz konusu olmuştur. Devletlerin toplumsal alanlara yaptığı her müdahalede alanların kontrolü özel şirketlere geçmiştir. Koç'un (2015:100) ifadesiyle, ideolojik altyapı; devletin küresel güçlerin hizmetine sokulması ve ulusal sınırlar içinde de kamusal mantığın yerini özel sektör fikrinin alması ile sağlanır. Böylece kapitalizmin sürekliliği sağlanmaya çalışılır.

Tüm bu çaba ve gayretin nihai arzusu, kar maksimizasyonudur. Kamusal alanın önemi, devletin gerek kaba gücü gerekse ideolojik aygıtlarıyla bireyleri hedeflediği ve yönlendirdiği alandır. Kamusal alan, politikaların uygulama alanıdır. Bu açıdan Habermas, Arendt ve Sennet'in gözlemlerini irdeleyen Olgun'un 2017 yayımlı çalışmasına göre, kamusal alan üzerine önemli görüşler atan üç düşünüründe ortak kanısına göre kamusal alan, ideolojilerin meşrulaştırma yeridir. Bu anlamda neo-liberal politikalar, kamusal alanda meşruluk kazanmıştır. Esas sorun da burada yatmaktadır. Neo-liberalizm, özel mülkiyeti savunmaktadır. Kamusal alanlar, özel mülkiyet ile çevrelenmeye başlanmışlardır. Kamusallık ile öznellik arasındaki ayrım yok olmaya başlamıştır. Bu durum, zamanla kamusal alanın çöküşüne giden yolun zeminini hazırlamıştır. Keza, neo-liberalizm, kamusal alan ve özel alanın birbirine dâhil oluşu ve dolayısıyla kamusal alanın çöküşüne sahne olmaktadır (Koç, 2015:99).

Kamusal alan, gerek ekonomik-politik gerekse pek çok başka yaklaşıma göre öznellik kazandırılarak şirketlere bırakılmıştır. Şirketler, tüketim kültürünün boy gösterdiği, hedonist arzularla donatılmış tüketim toplumunun post-modern şehirlerini inşa etmişlerdir. Üretim merkezlerinin uzaklaştırılıp tüketim merkezlerinin yerleştirilmesi süreci ivme kazanmıştır. Bu anlamda post-modern kent, Aydoğan'ın (2009:206) ifadesiyle, geleneksel kültür duygularının bağlamlarından koparıldığı, simüle edildiği, yenilerinin kopyalandıkları, sürekli yenilendiği bir mekândır. Bu nedenle post-modern kent hem kültürel ürünlerin hem de tüketimin diğer biçimlerinin merkezidir ve tamamıyla imgelerden oluşur. Bu imgeler, bireyi çevreleyerek bir tüketim sarmalı içine almaktadır. Post-modern kentler, adeta bu özelliklerinden dolayı yapılandırılmışlardır. Sanat ve estetik kaygısından uzak, iletişimsel eyleme müsaade etmeyen kentler post-modernitenin ileri kentleridir. Her dönemin ileri teknolojileri ile donatılan kentler, tüketimden önceki son çıkışı yok etmişlerdir. Zorunlu bir rotaya bütünleşen kentler, bireylerin benlik ve farkındalıklarını köreltmektedirler. Olgun'un (2017:54) ifadesiyle, geç modern dönemde sokakların ve yolların tasarımı, insanların birbirleriyle karşılaşmasına elverişli olmayan ve insanların kamusal alanda ilişki kurmasına imkân vermeyecek bir yapıdadır. Örneğin, yaya olarak yürümeye elverişli değil, araçla geçip gitmeye uygun olarak tasarlanmaktadır. Bu durum, insanların kamusal alanda birbirleriyle ilişki kurup kamusal alandaki kendi varlıklarını inşa etmelerine engel olmaktadır. Çünkü kapitalizm, yok ettiği bu alanların yerine suni alanlar inşa etmiştir. Bu alanlar ise şüphesiz alışveriş merkezleridir. Günümüz post-modern dünyasında en çok zaman harcanan ve tüm eylemlerin tek merkezde yapıldığı yer alışveriş merkezleridir. Bireyler gerek iletişimsel eylemlerini gerekse benlik yaratımlarını alışveriş merkezlerinde yapmaktadırlar. Bu alanlarda yeni kimlikler inşa edilmektedir. Kaçınılmaz bir gerçeklik olarak bu kimlik, tüketimci kimliktir. Alışveriş merkezleri, tüketim hedonistliğinin yaşanması dışında bir amaca hizmet etmemektedirler. Çünkü alışveriş merkezleri, arzuları tahrik eden mimari tasarımlara sahiptir. Ritzer, bu anlamda alışveriş merkezlerini bir ibadethane olarak görmektedir. Senemoğlu'nun (2017:82) ifadesiyle, Ritzer'in "Tüketim Katedralleri" dediği, tüketim toplumunun ibadethaneleri, gösterinin ve tüketimin yoğunlaştığı yerlerdir. Alışveriş merkezlerinin sunduğu bu yapay gösteri dünyası, hedonist arzuları tetiklemekte ve beynin mutluluk ile ilgili bölümlerini harekete geçirmektedir. En nihayetinde, tüketim ile mutlu olacağına inanan bireyler boy göstermiştir. Aynı zamanda, mutluluk derecesi ibadet halindekiyle aynı orandadır. Dolayısıyla, Ritzer'in tanımı son derece haklı çıkmaktadır. Çünkü alışveriş merkezleri bireyi, kendisine muhtaç olduğu bir ilah gibi hissettirir. Post-modern kent, bireye sürekli alışveriş merkezi sunar. Metro hatlarında alışveriş merkezi tabelaları veya otobüsle geçerken görülen açık hava reklamları birer işarettir. Bu işaretler, günlük yaşamın her alanında bir alışveriş merkezinin kapısının çalınması isteğiyle tasarlanmış ve konumlandırılmışlardır. Tüketim mekânları ise kapısını çalanlara bir misafir gibi değil, acile gelen bir hastaya müdahale eder gibi davranır. Hastalığın teşhisi alışveriş yapmamaktır, tedavisi ise sınırsız alışveriştir (Duman, 2016:31). Bu hastalığın reçetesi ise kredi kartlarıdır. Sermaye bireye, olmayan parayı harcatarak sahte ihtiyaçları efsunlu bir dünya içerisinde aldırtır. Sonra da o parayı ödemek için bireyi çalışmaya ve sisteme bağlanmaya mecbur kılar.

BOZUK BİR KÜLTÜR; EN POPÜLERİNDEN...

Sermayenin tüm bu çabasını kültürle özdeşleştirmek gerekir. Çünkü gerek üretim gerekse tüketim açısından toplum, sermaye tarafından şekillendirilmiştir. Gelinen son noktada özellikle küreselleşme sonrası toplumlar birer tüketim toplumu halini almışlardır. Tüketim toplumunun oluşmasının ise tüketim kültürünün benimsetilmesiyle pozitif ilişiği vardır. Kültür, kapitalizmin tüketim ayağında şirketlerin eline bırakılmıştır. Şirketler, bir sonraki ürün çıkana kadar toplumların söz konusu ürünü tüketmelerini istemektedirler. Dolayısıyla kapitalist tüketim, anlık ve geçici olan, sürekli kendini yenileyen dinamik bir tüketimdir. Dolayısıyla, "anı yaşa" felsefesiyle bütünleşen, anlık tüketimcilik ve anlık mutluluk olgusu, kültürel değerlerin de anlık olmasına sebebiyet vermektedir. Artık zaman, anlık haz ve mutluluklar zamanıdır. Dolayısıyla kültür de özünden uzaklaşmış ve içinde yaşanılan anın kültürü olmuştur. Diğer bir deyişle, popülist olmuştur. Bu durum kültürün, "popüler kültür" olarak adlandırılmasına olanak tanımaktadır.

Esasen popüler kültür, tüketimin meşrulaştırılmasını kolaylayıcı bir kültür algısıdır. Endüstriyel piyasanın yönlendirmesiyle oluşan bir kültürdür. Monetarist piyasanın hâkimiyetini öngören bir kültürdür. Bireyin tüketim çarkına hapsedildiği bir kültürdür. Bireyin, tüketiciye tahvil edildiği bu meşrulaştırma sürecinde toplumsal değerlerde aynı şekilde paranın öncelik kazandığı bir yöne doğru dönüşmüşlerdir (Şahin,2009:19). Dolayısıyla kültürel olanaklar, sermayenin istekleri doğrultusunda yönlendirilmişlerdir. Toplumların kültürel bellekleri değişime uğramıştır. Geleneksel kültürde var olan kolektif bilinç ve zaman algısı, post-modern şehrin ideal bireyinde aranmayacak özellikler olmuştur. İdeal bireyi merkeze alan popüler kültür, bireysel hazcı bir kültürdür. Bireyleri bireysel tüketime sevk ederken bir yandan da tüketerek mutlu olabileceğini öğütler. Bu noktada bireylerin iş dışı zamanlarını hedef alır. Popüler kültür ürünleri, yoğun ve stresli iş hayatından arta kalan zamanda, bireylerin sermayenin kontrolünde davranmasını amaçlar. Demirel ve Yeğen 'in (2015:133) ifadesiyle, günümüz stresli iş yaşam ve koşulları arasında gidip gelen insan için tüketim, sorumluluklardan bir müddet de olsa uzaklaşma ve rahatlama yoludur.

Kapitalizmin getirdiği yoğun iş ve yaşam kaygılarından kurtulmanın yolunu tüketim olarak sunan popüler kültür ile bireylere tüketici kimliği yüklenmiştir. Bireyler tükettikleri ürünlere göre statü kazanmaktadırlar. Toplumsal konumlarını koruyabilmeleri için yeni çıkan ürünleri takip etmeli ve satın almalıdırlar. Fakat unuttukları nokta, kendileri bir ürünü satın alırken yenisinin çıkış tarihinin kararlaştırılmış olmasıdır. Popüler kültür ile birey, "eğlence" adı altında bir kısır döngünün içine girmiş durumdadır. Dahası, bu döngü yaşamı boyunca bireyi takip etmektedir. Bu döngüde bireyler, bilinçlerini kaybedecek ve dünyayı algılayamayacaklardır. Öyle ki tüm bunların kendi rızasıyla olduğunu kabulleneceklerdir. Çünkü Çoşgun'un (2012:847) ifadesiyle, insanlar tükettikleri mallara göre toplumda yer edinme çabasına girmekte ve hayatın anlamını çok tüketimle özdeşleştirmektedirler.

Oysaki bu algıyı bireyin zihnine yerleştiren sermayedir. Bunu popüler kültür ürünleriyle yapmaktadır. Bugün çok açıktır ki popüler kültür, tüketim kültürü olmuştur. Bu durumun ise en önemli noktası popüler kültürün bir aracı olan medyadır. Medya konusu bir sonraki bölümde irdelenecektir. Fakat medya ve moda gibi kavramlar, kapitalist sistemin bireyle bütünleşmesi adına kullandığı aracılardan başka bir şey değillerdir. Popüler kültür, bireyleri sermayenin isteklerine yönlendiren bir aracıdır. Coşkun'un (age, 838) ifadesiyle, popüler kültür, tüketmeye teşvik eder, bunu gerçekleştiremediği zaman ise özenti meydana getirmeyi amaçlar. Bu yönüyle endüstriyel piyasanın bir aracı haline gelerek "kültür endüstrisini" oluşturur. Pek çok düşünür popüler kültürün, kültür endüstrisi tarafından hazırlanarak bireylere sunulduğunu ifade eder. Yemek yarışması gibi programların pek çok ülkede aynı anda başlaması, bu iddia için geçerli bir örnektir. Kültür Endüstrisi tarafından bir yaşam tarzı toplumlara uygulatılmaya çalışılır. Popüler kültür, yeni bir yaşam tarzı sunmaktadır. Bireyin tüketerek hayatını anlamlandırma çabası bundandır. Bunun en bariz örneği modadır. Bireyler, bir ürünü kullanım değeri dolmadan, sadece yenisi çıktığı için değiştirmek isteyeceklerdir. Bu da tüketimin devamlılığını sağlayacaktır. Yani, dinamik tüketim sağlanmış olacaktır. Özetle modanın, başka bir hizmet amacı yoktur.

GÖSTERİ BAŞLASIN...

Tüketim toplumu ve popüler kültürde metalar kullanım değerinden ziyade bir iletişimsel eyleme sahne olmaktadırlar. Diğer bir deyişle, bireylerin kullandıkları metalar bir iletişim ve kendini ifade etme aracı halini almışlardır. Bu iletişim, anlamlar arası bir iletişimdir. Göstergelerle, sembollerle yapılmaktadır. Adına "sembolik tüketim" denilen bu yeni sürecin en önemli özelliği, tüketim ürünlerinin işlevlerinden ziyade sahip olduğu anlamlar için satın alınmalarıdır (Duman, 2016:26). Göstergenin yükselişi olarak tanımlanabilecek bu süreçte metalar, özel anlamlar ile donatılmış ve bireye öğretilmiştir. Bir örnek üzerinden açıklamak gerekir ise, çok bilindik cep telefonu markasını kullananlar özel bir statü elde ediyormuş gibi gözükmektedir. Sırf bu nedenle, normal değerinin üzerinde piyasa değeri belirlenmektedir. Bu durum bir gösteriş ve gösterişçi tüketime yol açmaktadır. Gösteri, bireylerin kimliklerini topluma sunma ve kendilerinin toplumla olan ilişkisini şekillendirme aracıdır. Bu nedenledir ki, gösterinin bir simgesi olan metalara özentilik sahtedir. Çünkü Baumann'a göre, imrenilen, elde edilmeye çalışılan, alınan ve tüketilen göstergelerdir (akt. Şan ve Hira, 2004:15). Bu noktada tüketim, bireylerin arzularını tatmin etme şeklidir.

Göstergeler, bir imaj olarak algılanmaktadır. İmajlar üzerinden kimliğin inşası yapılmaktadır. Toplumsal konum ve aidiyet, imajlar üzerinden kurulmaktadır. Oysaki gösterge aldatıcıdır, bireyleri yanıltır. Göstergenin kurduğu aidiyet, yapay ve sahtedir. Fakat yalnızlaşan bireye, sürekli olarak tüketimle mutluluğu vaat eden sermayenin en güçlü kozudur. Sevil Atasoy'un söylediği üzere, "hiçbir şey apaçık ortada görünen kadar aldatıcı değildir". Fakat imaj bombardımanına tutulan birey, bunu görememektedir. Görenler ve karşı çıkanlar ise toplum tarafından dışlanarak sermayeye boyun eğmektedir.

Gösteri toplumunda artık enformasyona da erişim kolaylaşmıştır. Diğer bir deyişle, enformasyon bireyi çevrelemiştir. Fakat enformasyon, göstergeler dolayısıyla imaj olarak sunulmaktadır. Birey, toplumsal benliğini imajlar üzerinden oluşturmaktadır. Hal böyle olunca bu toplum, Debord'un dediği gibi, "Gösteri Toplumu" olacaktır. Göstergelerle etrafı sarılan birey, bu göstergeleri tükettikçe mutlu olacaktır. Kendisini buna inandırmıştır. Çünkü sermayenin hegemonyası altına girmiştir. Gerçek ihtiyaca değil, piyasanın ona dayattığı ve ihtiyacı olduğuna inandığı şeylere yönelmiştir. Gösteri, insanları ihtiyaçları olmayan şeylere ihtiyacı olduğuna inandırmakta, onlara hiçbir realitesi olmayan kaygılar yüklemektedir (etilen.net,2019). Gösteri bu anlamda bir hileli yönlendirme aracıdır. Bireyin gündelik hayatlarındaki iş dışı zamanları planlayarak sermayenin boyunduruğuna bireyi bağlamaktadır. Bireyi sahte bir dünyanın içine atarak, tüketim ile kontrol altına almaktadır. Birey, piyasanın ona sunduğu göstergeler ile düşünmeli, yaşamalı ve sosyal gerçekliğini inşa etmelidir. Bu süreçte gösterinin amacı, yalnızca sistemin devamlılığını sağlamaktır. Senemoğlu'nun (2017:80) ifadesiyle, gösteri toplumu gündelik hayatın içine imajları da sokarak hile yapmaktadır. Debord'a göre bu durum, ayrıca göstergeler yoluyla imajın ticari manipülasyonu merkezi bir önem kazanır ve arzuların imajlar yoluyla sürekli yeniden işlemden geçirilmesi söz konusudur. Bu anlamda gösteri toplumunda sorunların çözümü de gösterinin bir parçasıdır. Bu durumun en bariz örneği "gezen tavuk" vakasıdır. Kafes çiftliklerine kapatılan ve hareketi engellenen tavuklara karşı tepki oluşunca şirketler, gezen tavukları satışa sunmuşlardır. Buradaki kritik nokta, gezdikleri alanında sınırlı olmasıdır. Bu anlamda gösteri devam etmektedir. Ve gösteri, bireyleri etkisi altına almıştır. Gösteri, insanları boyunduruğu altına alma yetisine sahiptir. Çünkü ekonomi, onlara zaten tamamen boyun eğdirmiştir. Gösteri, ekonominin bizzat kendisi için gelişmesidir (postmodernizm.blogspot.com, 2019).

Gösteri Toplumu'nda gösteri, yaşamın her alanında ve anında durmaksızın devam etmektedir. Gündelik yaşamsal ihtiyaçlar gösterinin bir parçası olmuştur. Kendini ideal olarak tanımlayan ve paracı piyasanın çıkarlarına hizmet eden bireyin, tüm tutum ve davranışları göstergelerden ibarettir. Veblen'e göre, parasal kültürün de bir yansıması olan giyim, kuşam kişinin diğerlerine de ne kadar varlıklı olduğunu gösterebilmesinin en mükemmel yollarından biridir (akt. Yanıklar, 2010:31).

Gösteri Toplumu'ndan bahsederken değinilmesi gereken bir diğer düşünür Veblen'dir. Veblen, boş zaman ve Gösteri Toplumu arasındaki bağlantıyı açıklamaya çalışan bir düşünürdür. Gösteri Toplumu'nun kritik terimi "temsiliyet" terimidir. Gösteri Toplumu'nda gerçeğin yerini temsili almıştır. Temsil göstergedir. Sermayenin, popüler kültür adı altında göstergeleri popülarize ederek tüketime yönlendirmesi gerçeği göz önündedir. Bu anlamda popüler kültürün hedef tahtasında olan boş zaman, Gösteri Toplumu'nun vazgeçilmez nimetidir.

Boş zaman, ilk olarak Veblen'in "Aylak Sınıfın Teorisi" adlı kitabında kullanılmıştır (Osmanlı ve Kaya, 2014:2). Veblen, tüketimi özümsemiş ve statü göstergesi olarak kabul etmiş bir gruptan söz etmektedir. Aylak Sınıf, post-modern dünyanın kamusal alanlarında, tüketimi bir gösteriş aracı olarak kullanarak "gösterişçi tüketim" gerçekleştirmektedir. Veblen, bu anlamda yayınladığı çalışmasında ABD'de yaşayan ve kendilerini ve statülerini belirlemek için tüketimi kullanan yeni bir burjuva ve aylak sınıfı teşhis etmiştir. Bu kişiler, iş ve çalışma gibi geleneksel statü belirleyen araçları kullanmak yerine, statüleri bariz tüketim araçlarıyla belirlerler (Şan ve Hira, 2004:7). Aylak Sınıf, hedonist tüketimin doruk noktalarını yaşamaktadır. Aylaklık; hareketsizlik, işten kaçınma anlamına gelse de piyasadaki karşılığı bu değildir. Aylak Sınıf, üreticilik vasfı olmayan tüketimci sınıftır. Tüketim, özellikle gösterişçi tüketim post-modernitenin bir parçasıdır.

Aylak Sınıf'ın aymazlığı tüketim çılgınlığının yaşanmasına sebebiyet vermektedir. Ayrıca bu sınıfın bazı özellikleri, işçi sınıfında da gözlemlenmektedir. Dolayısıyla sürekli bir hal alan popülist tüketim, dinamik tüketimi teşvik etmektedir. Tüketilen göstergedir ve toplumsal benliğin korunması için sürekli yenilenmesi gerekmektedir. Tüketimin sürekliliği, tüketiciler arasında bir rekabetin oluşmasına neden olmuştur. Bireyler, ürün miadını doldurmadan yenisinin peşinde koşmaktadır. Hatta yeni ürün çıkmadan ön sipariş alınmaktadır. Dolayısıyla, Fordizm'de gelen üretimde hız ve rekabet algısı tüketime evirilmiştir. Bireyler, tüketimde rekabet eder durumdadır. Çünkü tüketim, bir performans sergileme ve toplumsal ilişki kurma aracı haline gelmiştir. Toplumla birey arasında olan bu ilişki, sahte ve yapaydır. Bu ilişki doğallıktan uzak ve bir sunum şeklindedir. Birey, tüketim göstergeleriyle sosyal benliğini sunmaktadır. Bu sunum esnasında tüketimcilik bir performanstır. Performans kavramını en iyi açıklayan düşünür ise Goffman'dır. Özmakas'ın (2015:17) aktarımına göre, Erving Goffman'a göre performans, "belli bir durumda belli bir katılımcının diğer katılımcılardan herhangi birini etkilemeye yönelik tüm etkinlikler" şeklinde tanımlamaktadır. Bu anlamda dünya bir tiyatro sahnesidir. Birey performansını sergiler. Yani tüketimciliğini gözler önüne serer. Bu gösterişçi performansıyla toplumun geri kalanının, kendisi hakkında duygu düşüncelerini kontrol etmeye çalışır. Bu isteği, kapitalist pazarın bekasını garanti altına alır. Aynı zamanda, bireyin kendisinin de bir pazar haline gelmesini teşvik eder.

Cambazın Arzusu'nun buraya kadar anlatı bölümünü oluşturan kısmında, kapitalist üretim sisteminin geçirdiği dönüşümler aktarılmaya çalışılmıştır. Bir üretim sistemi olan kapitalizmde, Smith'in ifadesiyle, "İnsanlığın Ustaları" tarafından liberal ve neo-liberal politikalarla bireyler ve toplumlar tüketime, daha doğrusu üretim tüketim çarkının işlerliğine yönlendirilmişlerdir. Zaman içerisinde kapitalizm, ideal insanını yaratmıştır. Özmakas'ın (2015:22) aktarımıyla, Pierre Dardot ve Christian Laval'a göre, liberal politikaların ufku ve referansı, kendi çıkarlarının peşinde koşan, öz sevgisini tatmin etmeye çalışan ve kendisini harekete geçiren tutkulu motivasyonlarla tanımlanan yeni bir insandır. Bu insan, post- modern dünyanın esiri haline gelen, öz değerlerinden ve kültüründen koparılan ve de ihtiyaçları sınırsızlaştırılan bireydir. Bu birey, sermaye tarafından yoğun bir imaj bombardımanına tutulmaktadır. Bireyin ihtiyaçları sürekli olarak sınırsızlaştırılmaktadır. Sınırsız ihtiyaçlar, dinamik tüketimin temel kaynağıdır. Dolayısıyla, birey sürekli olarak hep daha fazlasını arzu etmeli ve daha fazlasını tüketmelidir. Öyle ki artık tüketimi hedonist bir hal almıştır. İstekler arzulara, arzular hedonistliğe yol açmıştır. Kapitalizm, bireyin arzuları ile oynayarak ihtiyaçları manipüle etmektedir. İhtiyaçların manipülasyonu neticesindeki dinamik tüketim, toplumsal sorunlara çözüm olarak gösterilmektedir. Sermayeyi elinde tutan bir avuç elite göre kapitalizm, sorunsuz işleyen bir toplum düzeni sunmaktadır ve vazgeçilmezdir. Bu bağlamda Fromm'a göre, toplumun sorunsuz işleyişi için önerilen imaj tipi, sürekli ihtiyaçları artırılan ve buna bağlı olarak da hep daha fazlasını tüketendir (akt. Şentürk, 2008:230).

Kapitalizm; tarihsel, ideolojik ve sosyolojik bir olgudur. Bu nedenle karmaşık gelen bir toplumsal yapı sunmaktadır. Bu karmaşıklığın sebebi ise esnekliğidir. Çünkü kapitalizm her seferinde krize girmiştir ve her krizden farklı bir yapısal dönüşüm ile çıkmıştır. Kapitalizmin son dönemlerde yaşadığı dönüşümün, birbirinin içine geçmiş üç aygıtından (finans, toplum ve ideoloji) söz etmeden küreselleşme sürecini açıklamak mümkün görünmemektedir (ses.org.tr,2019). Kapitalizm, 1973 yılında Stagflasyon Krizi yaşamış ve bu krize küreselleşerek cevap vermiştir. Fakat sonrası yaşanan süreçte tüketim toplumuna giden yolu açmıştır. Küreselleşme ile birlikte şirketler ulus ötesi bir hal almış ve sonrasında ise toplumlardan/ devletlerden ekonomiyi tamamen piyasa serbestine bırakmalarını istemişlerdir. Tamamen piyasanın eline atılan birey, piyasa koşullarında kimliğini ve benliğini, tüketerek inşa etmiştir. Bu noktada tüketim, bir ideoloji olarak toplumlara benimsetilmiştir. İhtiyaçların kültürel özellik taşımalarından ötürü kültürler, bu ideolojik dayatma karşısında tüketim kültürü haline bürünmüşlerdir. Dolayısıyla ihtiyaçların manipülasyonu, kültürlerin bireyler üzerindeki baskısı ile birleşince toplumlar birer tüketim toplumuna dönüşmüşlerdir. Tüketim, toplumsal sınıflar arasında bir etkileşim aracı olarak kullanılmaya başlanmıştır. Duman'ın (2016:26) ifadesiyle, tüketimin gerçek ihtiyaçların karşılanmasından çok aynı zamanda bir iletişim yolu olarak gerçekleşmesi, insanların kendilerini tükettikleri nesnelerle ortaya koymalarına ve sosyal ilişkilerini tüketim pratikleri üzerinden gerçekleştirmelerine yol açmıştır. Dolayısıyla, birey kendini ait hissettiği toplumsal sınıfa göre tüketim yapmaya başlamıştır. Bunun sebebi, tüketim mamullerinin ve onları şekillendiren kültürün, sermayenin eline bırakılmasıdır. Endüstrinin kültürün içerisine girmesiyle Kültür Endüstrisi'nin oluşmasına ve toplumların sermaye tarafından yönlendirilmesine sebebiyet vermiştir. Bu noktada Ladzsak, ihtiyaçların manipülasyonunun temelini, bireylerin kendi yaşamsal ihtiyaçlarını karşılamak için gerek duydukları kaynakların kapitalist sistem tarafından denetlenmesine bağlamaktadır (akt. Senemoğlu, 2017:79).

Maslow, Şahin'in (2009:3) aktarımıyla, ihtiyaçları şu sırayla kategorize etmektedir. 1: Fizyolojik ihtiyaçlar 2: Güvenlik gereksinimi 3: Ait olma ve sevgi gereksinimi 4: Saygınlık 5: Kendini gerçekleştirme. Sermayenin hedef tahtasında ise daima 3. basamak vardır. Kapitalizm, özellikle 1970'lerden bu yana bireylerin tüketerek ait olma gereksinimlerini karşılayabileceklerini söylemektedir. İdeal birey tüketim yaptıkça değer atfedecek ve tüketim tercihlerine göre sınıflandırılacak insandır. Daha doğrusu, aidiyet kazanacak insandır. Bu süreçte bireylerin ve toplumların kabullendirilmesi için Kültür Endüstrisi'ni oluşturan medya, moda gibi ögelerle kapitalizm, yoğun çaba harcamaktadır. Koç'un (2015:98) ifadesiyle, bu süreçte kamuoyu müzakere ile değil, kamusal araştırma, tanıtım, halkla ilişkiler gibi yöntemlerle şekillendirilmiş, basın ise toplumsal anlaşmayı idare etmiş ve tüketimi desteklemiştir. Bu anlamda bireyin hedonist duyguları tahrik edilmiş ve tüketim toplumu "şimdinin" toplumu olmuştur. Zaman, anlık haz ve mutluluklar zamanıdır. Finans aktörlerinin/kapitalistlerin/sermayenin neo-liberal politikalarla hedef tahtasına oturttuğu birey, tüketimci yönünü ertelememeli ve ne olursa olsun tüketim yapmalıdır. Çünkü tüketim toplumu, Baumann'a göre, bir tasarruf cüzdanı değil, kredi kartları toplumudur. Bekleyen, erteleyen değil, aksine şimdiyi yaşayan, isteyen bir toplumdur (akt. Şentürk, 2008:231).

Birey, tüketim yaptıkça mutlu olacaktır. Bu dünyanın büyüsüne kapılmıştır. Sahte bir büyüleyici özellik kazandıran gösterişçi tüketimle toplumda statü kazanacaktır. Dolayısıyla üretim sürecinde değersizleşen kimliğini kazanacak ve mutlu olacaktır. İdeal bireyin, sistemin istediği tarzda mutlu olmama hakkı yoktur. İnsan, doğası gereği gündelik yaşam içerisinde belli oranda mutlu olmak zorundandır ki, huzurlu ve sağlıklı bir hayat sürebilsin. Buna istinaden modern birey, Şan ve Hira'nın (2004:4) aktarımıyla, Bauldrillard'a göre, tüketici potansiyelliklerinin ve kapasitesinin tamamını seferber edecek şekilde kendisini hazırlamak zorundadır. Eğer bunu unutursa, kendisine mutlu olmama hakkı olmadığı kibarca hatırlatılır. Gerçekten de ideal bireyin, mutlu olmama yani tüketmeme hakkı yoktur. Çünkü kapitalizm etrafını sarmış ve üzerinde hegemonyasını kurmuştur. Dolayısıyla bireyin bu istiladan kurtulma şansı yoktur. Birey bir suskunluk sarmalına girmiştir. Toplumda güçlü olan egemen görüş, bireyler tarafından sıkça dile getirildiği için birey uyum sağlamak zorunda kalmıştır. Çünkü tüketim yapmaktan çekindiği oranda toplumdan dışlanma tehdidi ile karşılaşma durumunda olacağının farkındadır. Bu anlamda tüketim, bir postmodern kontrol aracıdır. Toplumlar tarafından bireye baskı uygulanmaktadır. Bireyler, tüketimden uzaklaştıkça karşılaştığı ithamlar ağırlaşmaktadır. Bu anlamda Şan ve Hira'nın (2004:6) aktarımıyla, Duesenberg'in tasvir ettiği türden bir toplumda tüketici, daha çok harcaması yönünde sürekli bir baskı hissetmektedir. Bu basınç, sermayenin denetimidir. Sermaye, vazgeçilmez oluşunun dayanılmaz hafifliğini bireye dayatmaktadır.

Sermaye bir nevi statüko uygulamaktadır. Toplumu disipline etmektedir. Duman'a (2016:29) göre, aslında kapitalist sistem, Kültür Endüstrisi yoluyla toplumu iki temelde hedefe yönlendirerek bir toplumsal mühendislik projesi uygulamıştır. Bu projelerden biri, kitleleri tüketime sevk etmek, diğeri de onları "tüketim" üzerinden disipline etmektir. Günün sonunda, Focualt'ın "Panoptikon'u" tüketim üzerinden kurulmuştur.

II. BÖLÜM: DİPNOTLAR...

DÜNYA BİR SÖMÜRÜ DENİZİ...

Kapitalizmin tarihi krizler tarihidir. Ve kapitalizm, krizlere olan esnekliği ile bilinmektedir. Bu esneklik, kapitalizmin her dönem yeni bir biçim almasına sebebiyet vermiştir. Özellikle 1973 sonrası süreçte kapitalizm bir üretim rejiminden tam anlamıyla tüketim rejimine kaymıştır ve finans piyasaları egemen olmuştur. Aynı zamanda bu süreçte kapitalizm, siyasal bir boyut kazanmıştır. Bu siyasal boyut neo-liberal politikalardır. Küreselleşme ile tek pazar olarak görünün dünya, ideolojik olarak tek bir merkezden yönetilen bir yer olarak algılanmıştır. Dolayısıyla dünya, neo-liberal politikalarla liberal iktisadın egemenliğine bırakılmıştır. Kapitalizmin liberal iktisadının egemenliğindeki bu tarihsel formuna ilişkin en açıklayıcı tanımlama, Daldal'ın (2009:58) ifadesiyle, "Emperyalizm" olmaktadır.

Emperyalizm, tanımı itibariyle bir devletin başka bir devletin maddi ve manevi kaynaklarını sömürmek için uyguladığı politikaların adlandırılması olarak tanımlanabilir. Fakat özellikle küreselleşme ile birlikte, küresel kapitalizm bir yandan da küresel emperyalizm olacaktır. Özellikle 1944 Brutton Woods'ta dolar hegemonyasına giren ve küresel sermayenin eline bırakılan toplumlar, emperyalist saldırı altındadır. Ulus sınırları içerisinde dolanan şirketlerin ulus aşırı hal alması ve doğrudan yatırımlarla toplumları desteklemesi, şirketlerin o toplumlarda yer edinmesi ve faaliyetlerini yürütmesine sebebiyet vermiştir. Kapitalist grupların ulus ötesileşmesini teşvik eden mekanizmalar ise, Robinson'un (2002:145) ifadesiyle, ulus ötesi şirketlerin yayılması, doğrudan yabancı yatırımların genişlemesi, uluslararası birleşmeler ve satın almalar, stratejik ittifaklar ve ulus ötesi olan yönetimleri kapsar. Bu noktada doğrudan yabancı yatırımlar yoluyla devletler şirketlere bağlanmışlardır. Bu şirketlerin oluşturduğu küresel elit, özelleştirme yöntemiyle desteklenen devlet politikalarıyla toplumlarda yer edinmiştir. Dolayısıyla şirketler, daha ucuz üretim maliyeti elde etme fırsatı bulmuşlardır. Yer edindikleri topraklarda hammadde ihtiyacını karşılamış, emeğin değersiz dönüşümünü gerçekleştirmiş ve aynı zamanda, detayları aktarıldığı üzere, bireyi şekillendirerek bir pazar haline getirmiştir. Bireyi sermayeye, sermayeyi finans ağlarına bağlayarak, küresel bir yönetim hakkını tayin etmişlerdir. Bu noktadan sonra, tarih sahnesinde uzun zamandır var olan "emperyalizm" algısı, devlet emperyalizminden şirket emperyalizmine kayacaktır. Kapitalizm, yıkılmaz gerçekliğini ispatlamıştır. Özellikle 1970'lerin sonunda Refah Devleti modelinin irtifa kaybederek yerini neo-liberalizme bırakması, Duman'ın (2016:19) ifadesiyle, kapitalizmin, tarihin hiçbir döneminde olmadığı kadar güçlenmesiyle ve finansal sermayenin ulus-aşırı bir nitelik kazanarak dünya siyasetine yön vermesiyle neticelenmiştir.

Kapitalizmin dünya siyasetine yön vermesi, bir takım aracı kuruluşlar yoluyla olmuştur. Bu kurumlar, IMF, Dünya Bankası ve Dünya Ticaret Örgütü olarak adlandırılmış ve tarih sahnesinde yerlerini almışlardır. Kapitalizm, bu kuruluşlar aracılığıyla toplumları kendilerine bağlamakta ve sömürülerini gerçekleştirmektedir. Keza Aydın'ın (2012:17) ifadesiyle, sanayileşme sürecinin henüz başında olan çevre ülkeleri, 1974 yılından itibaren borçlarını ödeyebilmek için ve ithalat yapabilmek için "döviz bulmak", daha doğru bir ifadeyle borçlanmak zorundadır. 1974-80 döneminde üretici ülkelerin petrolden sağladığı gelirin [petro-dolar] yaklaşık %70'lik bölümü [120 milyar dolar] ABD, Avrupa ve Japonya'daki bankalara yatırılmıştır. Bu fonlar, döviz sorunu yaşamakta olan çevre ülkelerine borç olarak verilir. İşte kapitalizm, karanlık yüzünü bu noktada gösterir. Aydın'ın aktarımı, neo-liberalizm uygulamalarının özetidir. Kapitalizmde gerek birey gerekse toplumlar borçluysa tuzağa düşmüş demektir. Borca giren ve borcunu ödeyemeyen devletler, kapılarını şirketlere açmak zorunda kalmışlardır. Zaten küresel elitin de isteği bu yöndedir. Toplumların içerisine girecek ve o toplumların doğal kaynaklarından emek gücüne kadar tüm değerlerini sömüreceklerdir. Bu noktada devletin yönetimindeki iktidar ise şirketlerin ve özel mülkiyetin güvenliğini sağlamakla yükümlüdür. Koşulsuz bir şekilde piyasa serbestine geçilecektir. Özgür ve Özel'in (ses.org.tr,2008) ifadesiyle, 1980 sonrası süreç bir anlamda kalkınmacı ve korumacı politikaların birer birer kaldırılarak, kayıtsız şartsız piyasacılığın önünün açılmasına yol açmıştır. 1980'lerin sonuna gelindiğinde toplam 187 ülke, Dünya Bankası ile "Yapısal Uyum Anlaşması" imzalamış ve bu anlaşmaların birçoğu da UPF (Uluslararası Para Fonu) ile "stand-by" anlaşmaları ile desteklenmiştir. Toplumlar, neo-liberal politikalarla piyasanın dolayısıyla da küresel elitin eline bırakılmıştır. Lakin bu durum, zaten dünyada var olan eşitsizliği giderek arttırmaktadır. Bir avuç elit ve yönetimindeki şirketler zenginleşirken, gerekli hammadde ve ihtiyaçlara sahip olan toplumlar giderek fakirleşmektedir. Petro-kimya etkisiyle sömürdükleri toplumlar giderek daha da yoksul bir hayat yaşamaktadırlar. Nijer Deltası, Venezuela veya Suriye gibi...

Gel gelelim, günün sonunda üretim tarafında emperyalist faaliyetlerle kazanılan güçler döngüye girmemektedir. En nihayetinde arz artmakta fakat toplumların alım gücü düşmektedir. Dolayısıyla negatif bir talep açığı, talep edilmeyen ürün söz konusudur. Kapitalizmin kar döngüsü işlememektedir. Tutan'ın (2010:786) ifadesiyle, onların tekelci kapitalizm olarak adlandırdığı yeni emperyalist süreçte de büyük ölçekli dış yatırımlara rağmen eninde sonunda talep açığı tekrar oluşmaktadır. Elit, bu talep açığına iki çözüm yolu bulmuştur. Bunlardan ilki, görüşlerini eleştirdiği ve sürekli olarak krizden sorumlu tuttuğu Keynes'tir. Keynes, "efektif talep" kavramını tanımlamıştır. Keynes'in bu tanımlaması, gerek II. Dünya Savaşı'nda gerekse bugün dünyanın çeşitli yerlerinde yaşanan savaşlarında efektif talep yaratarak kapitalizmin devamlılığını sağlamaktadır. Dikkat edileceği üzere bugün savaş yaşayan tüm toplumlar, petrol zengini topraklara sahip toplumlardır. Özetle savaşların, bir avuç elit dışında kazananı yoktur. Bu elit, hayata geçirmekten sürekli olarak sakındığı Keynes Teorilerinden efektif talebi bırakmak istememektedir. Çünkü savaş, Batı dışı topraklarda yaşanmaktadır.

Bir diğeri ise Emperyalizm'in bir başka basamağı olan ve kültür konusunu bağdaştıran "Kültür Emperyalizmi" kavramıdır. Kültürün toplumdaki bağları birleştirici bir yanı vardır. Bireyleri birbirine bağlar ve uyum içerisinde yaşamalarını sağlar. Bu nedenle, küresel elit tarafından sıkça kullanılmaktadır. Daha doğrusu manipüle edilmektedir. Kültür Emperyalizmi, aslında Emperyalizmin bir kolu ve safhasından başka bir şey değildir. Kültür Emperyalizmi'ne maruz kalan bir toplum, kendine verilmek istenen kültür ve dünya görüşünün gerçek hedefini idrak edemeyecek hale gelir (filozof.net, 2018). Çünkü bireye verilen gerçek değil, gerçekliğin belirli parçalara bölünmüş olan parçalarından ibarettir. Dolayısıyla birey, göstergenin yanıltıcılığından dolayı parçalar arasında anlamlı bağlantılar kuramaz. Bu anlamda bireyin kültürel kodlarıyla oynanmıştır. Çünkü Kültür Endüstrisi'nin/ sermayenin yönetimi ve denetimine girmiştir. Dünya toplumları bu durum karşısında sessiz kalmaktadır. Artık bu durumdan kaçabilmek mümkün değildir. Toplumlar, başta medya aracılığıyla olmak üzere, şirketlere bağlanmıştır. Avar'ın (2016:67) ifadesiyle, bir milletin kültürel kodlarıyla oynanır, tümü küresel şirketlere bağlı ana akım medya ve sosyal medyayla topluma virüs atılır. Melez/ Hibrit bir kitle anlayışı yaratılır. Bu melez kitle tamamıyla tüketime seferber edilir. Çünkü küresel kapitalist sistem, tüm bireylerin tüketici olması üzerine kurulmuş bir sistemdir. Bu sistemin bütünleşmesi ise popüler kültür olarak adlandırılan anlık haz ve hedonist tüketim kültürüdür. Popüler kültür, toplumların küresel elit çıkarlarına hizmet etmesini sağlar. Küresel Emperyalizmin en kapalı toplumlara/ devletlere önce film ve müzik eserleriyle, bir sonraki adımda fast food ve giyim tarzı türlü araçlarla (buna en iyi örnek Blue Jean'dır) girdiği ve bu toplumlarda farklı bir yaşam tarzı dikte ettiği bilenen bir gerçektir (ankaenstitusu.com, 2019). Bu anlamda popüler kültür, bir emperyalist ideolojidir. Bir merkezden dünyaya yayılır.

TAM TEŞHİSİ KOYMUŞUM: ŞİZOFRENİ...

Bu noktaya kadar anlatı bölümü oluşturan kısımlar ile kapitalizmin pek çok özelliğinden bahsedildi. Gel gelelim esas soru, kapitalist piyasayı oluşturan şirketler, toplumlarda nasıl yer edindiler? Toplumlar, şirketleri nasıl kabul ettiler? Bu sorunun cevabı olarak, toplumların şirketleri birer birey gibi görmeleri cevabı verilebilir. Toplumlar, şirketleri kendilerinden biriymiş gibi kabul etmişlerdir. Dolayısıyla toplumsal kabulleniş hızlı olmuştur. Fakat finans piyasalarının yükselişi, uluslararası birleşme ve satın almalar ve de ulus-aşırı şirketlerin yapılanmasıyla şirketler, toplumların üzerinde statüko uygulamaya başlamışlardır. Öyle ki üretimden tüketime tüm süreçlerde ideal bireyi yapılandırmış, yönlendirmiş ve yönetmişlerdir. 20 yy ikinci yarısından itibaren şirketler, insanüstü vasıflar kazanmışlardır. Dolayısıyla kapitalizm, bireyleri ve toplumları kendi çıkarları doğrultusunda manipüle etmiş ve sömürmüştür. Bireyler ve toplumlar bu emperyalist sömürü altında yoğun baskı ve stres yaşamakta fakat bundan kurtulamamaktadırlar. Kapitalizm, maddi ve manevi tüm süreçlerden paraya dönüşümü sağlamıştır. Tarihte görülen hiçbir sistem, Duman'ın (2016:22) ifadesiyle, yarattığı yabancılaşma, stres ve sıkıntıyı kapitalizm kadar paraya dönüştürmeyi başaramamıştır. Çünkü kapitalizm tüketimi, gündelik yaşamın sıkıntılarından arınma olarak sunmuştur. Bu anlamda, günümüz ideal insan tipi de özellikle Batı dışı toplumlarda sabah püriten akşam hedonist yaşam süren bir birey tipidir. Çünkü hep daha çok tüketmelidir ve fakat bunun için daha çok çalışmalıdır. Kapitalizmin korku dolu kurallarını kabul etmek zorundadır. Düşük ücretli emek sömürüsü ile modernlik adı altında kölelik yapmaktadır. Smith'in adını verdiği "İnsanlığın Ustaları", bunu istemektedirler. Chomsky'nin "Amerikan Rüyası" adlı belgeselinde değindiği, "İnsanlığın Ustaları" olarak bilinen ve alçak ilkelerle hareket eden kişiler, "her şey bizim için, diğerlerine hiçbir şey" derler. Hal böyle olunca birey, kendisine dayatılan belirli kalıpları kabul etmek zorunda kalır. Tüketim ile oluşturduğu kimlik ve statü algısını kaybetmemek için sisteme karşı gelmemelidir. Eğer karşı gelirse, işsizlik illeti kendisine yapışacaktır. Avar'a göre, bireyin bir yanında korku, işsizlik, açlık nöbet tutmaktadır. Bir yanında renkli kâğıtlar, balonlar, oynayan ayılar ve çıplak kızlar vardır. Yukarıdakiler rahat olsunlar, aşağıdakiler derin bir uykudadır (youtube.com,2019) ...

Bu anlamda birey, derin uykusunda güzellemelerle dolu bir rüya görmektedir. Kapitalist tüketim toplumu, sanal olarak bir rüyada yaşadıklarına inandırılmışlardır. Bu rüyaya, "Amerikan Rüyası" denilebilir. Bu rüyanın temel kavramı özgürlüktür. Birey, tüketim tercihlerindeki seçim serbestinden dolayı özgür olduğunu düşünmektedir. Fakat her şeyin olduğu gibi, özgürlüğün de bir bedeli vardır. Birey, bu özgürlük karşısında sermayeye vereceklerinin farkında değildir. Saatlerce mesai, tüketim borçları, kısıtlı ve sahte demokrasi derken birey ve toplumlar, kurbağa modelinde olduğu gibi uyutulmakta ve uyuşturulmaktadır. Esasen bu özgürlük, sahtedir. Sermeyenin -miş gibi bir sunumundan ibarettir. Kavram ve olgular, toplumlara -miş gibi temsil edilmektedir. Özgürlüğün bu görüntüsü, bireyin hedonist arzularını tetiklemektedir. Bayhan'ın (2011:203) ifadesiyle, gençlik bir yandan ebeveynlerinin ve okul sisteminin önerdiği Püriten Etik ile yetiştirilirken diğer yandan, başta medyadan olmak üzere, tüketim toplumu ve post-modernitenin hedonist etiği, sürekli olarak zihinlere inşa edilmektedir. Dolayısıyla bu durum, şizofrenik bir ruh halini tasvir etmektedir.

Kapitalist şizofreni tanımının diğer bir boyutu, şirketlerdir. Şirketler, toplumlarda birey gibi yer edinmişlerdir. Fakat zaman içerisinde görüldüğü üzere, şirketlere verilen haklar ve sorumluluklar farklılaşmıştır. "The Corporation" belgeselinde de değinildiği üzere, şirketlere ölümsüz bir insanın hakları verilmiştir. Dolayısıyla şirketler, "daimî haklı" olarak görülmüşlerdir. Böylece şirketler desteklenmiş ve yaptıkları karşısında hesap vermekten sakındırılmışlardır. Zaten neo-liberalizm bu amaca hizmet etmektedir. Neo-liberal politikalarla piyasaya bırakılan demokrasilerde gelinen durum, artık kural koyucuların küresel elit olduğudur. Şirketlerin açgözlülüklerini siyasal alanda desteklemeleriyle, doyumsuzlukları ve tavırları şizofrenik bir hal almıştır. Dünyayı tek elden kontrol etme düşünleri ve tutumları şüphesiz bir ruh hastalığıdır. Bu hastalığın teşhisi şizofrenidir. Dolayısıyla şirketler, kendileri gibi tüm dünyayı hasta etmektedirler. Fakat bu hastalıktan para kazanmaktadırlar. Burada yeni bir soru ile karşılaşılmaktadır. Eğer kapitalizme "şizofreni" teşhisi koyulduysa, şirketler suçlanabilir mi?

Aslında evet, ruh hastası olan bir bireyin cezai ehliyeti yoktur. Bugün görülmektedir ki, piyasa demokrasisinde kapitalistlerin de cezai ehliyeti yoktur. Bu nedenledir ki, istediklerini rahatlıkla yapabilmektedirler. Onlar için asıl olan hukuk değil, başarabilmektir. Bu nedenle yaptıklarının gerçek bedellerini hiçbir zaman ödememişlerdir. Latin Amerika ve Orta Doğu gibi örnekler göz önündedir. Nasıl mı? Neo-liberal politikalar neden ortaya çıkmıştır?..

III. BÖLÜM: MULTİMEGAMEDYALI BİR RÜYA...

MEDYA BİR ŞELALE; İÇİNDEN ARZULAR AKAN...

Kapitalizmin bu döneme kadar yaşadığı dönüşümleri, en temelde Püriten Etik'ten Hedonist Etik'e ve ideal bireye geçiş olarak yorumlamak mümkündür. Bu dönüşümün başat faktörünün ise, medya olarak adlandırılan kitle iletişim araçları olması, su götürmez bir gerçekliktir. Bilindiği üzere, Refah Devleti'nden bu yana bilinçli olarak boş zaman yaratılmıştır. Bu boş zaman, medya ürünleri çerçevesinde anlatı gelen olgularla kuşatılmıştır. Boş zaman, bireylere gerçek anlamda verilen bir özgürlük zamanı olmaktan ziyade, suni bir zaman olarak algılanmalıdır. Çünkü boş zaman olarak adlandırılan aralıkta hedonist arzular harekete geçirilmiştir. Bu bağlamda ele alındığı zaman, en büyük özelliği meta üretmek olan kapitalizm için boş zaman, önemli bir hedef olmuştur. Yeni kapitalizmin [hazcı/ tüketimci kapitalizm] boş zamanla "iyi" ilişkileri Püriten Etik'ten hazcı değere odak kayması, hiç kuşkusuz, boş zamanın kapitalizm için gerekli/ hayati bir pazar ya da meta değeri taşımasıyla ilişkilidir (Aytaç, 2004:116). Boş zaman, taşıdığı bu değer ile kapitalizmin dostu olmuştur. Çünkü kapitalizm, ekonomik olmanın ötesinde ideolojik ve kültürel bir modeldir. Dolayısıyla bireylerin her anını tasarlamak ve kontrol etmek ister. Zaten Püriten Etik felsefesiyle donatılan ve sürekli olarak kapitalist amaçlara hizmet eden birey, arta kalan zamanında özgürlüğüne kavuşamaz. Kapitalist ideolojide özgürlük, tanımı değiştirilmiş bir kavramdır. Boş zaman; hedonist arzuların kışkırtılması yoluyla, tüketim faaliyeti altında bireyin kapitalizme hizmet ettiği zaman dilimidir. Dolayısıyla tüm olgular ve algılar bir yanılsamadan ibarettir. Bu çerçevede boş vakit, kendiliğin, özgürlüğün, istemli tercihlerin, doğallığın, düşünsel derinliğin, toplumsal iyiye/ erdemliliğe ulaşmanın zamanı olmaktan çok, kapitalizmin kutsadığı ve onadığı yaşam örneklerine ulaşmanın (tüketimcilik, yapay heyecanlar, kışkırtılmış arzu ve istekler, rekabetçilik, gösterişçi edimler, statü parlatma vs.) bir aracı haline gelmiştir (age, 2004:118). Dolayısıyla boş zaman, kapitalist düzenin devamlılığı için bir aktarım aracıdır.

Boş zaman, kar maksimizasyonunu öngören kapitalizm tarafından, kapitalist süreçler neticesinde verilmiş bir hak olarak gündemdedir. Fakat toplumlar ve bireyler, boş zamanı bir özgürlük zamanı olarak algılamaktadırlar. Çünkü özgürlük, yoğun iş sürecinin bireye yüklediği kaygı ve baskıların arınması olarak algılanmaktadır. Bu kaygı ve baskılar, bireye stresli bir yaşam vermektedir. Stres, Aytaç'ın da (2004:134) ifadesiyle, bir yaşam biçimi, insana, hayata ve evrene bakış tarzı olarak modern insanı tanımlayıcı bir özellik olmaktadır. Modern çağın evrimiyle birlikte günümüz post-modern bireyinin tüm rahatsızlıklarının temel kaynağı strestir. Stres, en genel anlamıyla, kapitalist gerçeklerin birey üzerinde kurduğu baskıların sonucunda bireyde oluşan duygulanım olarak ifade edilebilir. Ve bireyin psiko-sosyolojik yapısında tehlikeden kaçma eğilimi vardır. Dolayısıyla birey, kendisine verilen boş zamanında stresten eğlenceye kaçmaktadır. Fakat bu kaçış, birey fark etmese de aynı sisteme dönüştür. Çünkü boş zamanında tetiklenen hedonist arzularıyla birey, tüketim yoluyla sistemin çarklarını işletmektedir.

Bu tetiklemenin fitilini ateşleyen araç ise medyadır. Medya gerek yaygın ağ altyapısıyla gerekse maliyet olarak hesaplı olmasından ötürü, kitlelerce sıkça tercih edilen bir araçtır. Dolayısıyla, bu çaptaki etki ağı ve içerikleriyle bireylerin isteklerine cevap vermektedir. Bir diğer deyişle, bireylerin taleplerini doyurmaktadır. Özellikle televizyon dizileri başta olmak üzere yayınladığı içerikleriyle, bireylerin eğlence arayışlarına cevap vermektedir. Bu nedenle medya aygıtları, bireyler tarafından benimsenmiştir. Süreç içerisinde görülecektir ki, sadece eğlence maksatlı değil, yaşamın tüm normlarına karşın medyaya başvurulacaktır. Bu nedenden ötürü medya, kültürlerin içerisinde yer edinebilmiştir. Boş zaman olarak adlandırılan zamanın içerisinde yapılabilecek faaliyetler çoğu kez erişim sorunu yaratmaktadır. Fakat medya, zaman ve mekân bağımsız olmasından ötürü kültürün içerisinde rahatlıkla yer edinebilmiştir. Bir örnekle açıklamak gerekirse, Anadolu'nun en ücra köylerinde dahi televizyon başta olmak üzere medya aygıtlarına rastlamak mümkündür.

Yaygın ağ altyapısı ve benimsenmesiyle birlikte medya, kültürlerin ve toplumların içerisinde yer edinmiştir. Ve dolayısıyla, kültüre eklenen her yeni olgu gibi medya da kültüre etki etmiştir. Dolayısıyla toplumlar birer dönüşüm geçirmiş ve medya izleyicisi olmuştur. Medya, bireyleri seyirci yapabilmek için sürekli kendini yenileyen dinamik bir yapıdır. Zira medyada oluşturulan formatların da alıcısı, tüketici olan bireydir. Bilgili'nin de (2005:110) dediği üzere, medya ürününü alan "nihai tüketicidir" ve onun mutlu olması ve yeniden tüketmesi için gerekli her türlü medya ürünü çeşitliliği yaratılmalıdır. Medya bu bağlamda cazibesini kullanarak seyirci yaratmaktadır. Bireye düşen, medyanın seyircisi olmaktır. Fakat "seyirci olmak" kavramı göründüğü kadar masum bir kavram değildir. Medya ürününü diğer ürünlerden ayıran çok önemli bir özellik vardır. Üretilen diğer ürünler bireylerin fiziksel ve duygusal tatminlerine seslenirken medya, bireylerin bilinçlerine seslenmektedir. Dolayısıyla, medyada üretilen algıdır. Medyada üretilen ve çeşitli yöntemlerle paketlenen söylemlerin seyircisi/alıcısı bireydir. Laswell'in ünlü "hipodermik iğne" modelinde olduğu üzere, medya ne verirse toplumlar onu almaktadır. Bireyler medyada verilen hayalî ideal dünya mesajlarıyla, tüketimi almakta ve uygulamaktadırlar. Çünkü medya, kültür endüstrileri tarafından yönetilmektedir. Kültür endüstrileri, bireyleri kendi evleri ya da sinemaların özel alanına sokar ve medyatik olayların ve gerçeklikten uzaklaştıran eğlencenin seyircilerini üretir (academia.edu.tr,2019). Dolayısıyla seyirci olma, bir anlamda pasifize olma demektir. Kapitalist gerçeklerden kaçan medya seyircileri, suni mutluluklara ulaşmaktadır. Fakat aynı zamanda sisteme tepki gösterememektedir. Sistem, medya yoluyla onları uyutmaktadır. Bu anlamda medya, bir uyuşturucu gibidir. Enjekte edilir ve bireye ütopyanın kapılarını aralar. Argın'da medya ve seks endüstrisinin, yabancılaşma duygusundan mustarip kişiler tarafından alınan iki uyuşturucu tipi olduğunu savunmaktadır (akt. Aytaç, 2004:133). Bu durum, bir anksiyete bozukluğunun işaretidir. Tüketici birey, tükettiği ürüne olan ihtiyacın gerçekliğini sorgulayamaz.

Nasıl ki ilaçların bir etki süresi varsa medyanın da bir etki süresi vardır. Medya yoluyla enjekte edilen "tüketim" bilinci yavaş bir şekilde, zaman içerisinde kendini göstermektedir. Her ne kadar medya aygıtları, kültürlerin içerisine kolaylıkla girmişse de toplumsal bellek ve bilincin tamamen değişmesi meşakkatli iştir. Zaman içerisinde önce popüler kültür yer edinmiş ve kültür gündelik bir hal almıştır. Sonrasında çeşitli manipülasyonlara maruz kalmıştır. Dolayısıyla toplumların bu aşırılıklar çağına girmesi, uzun yıllar almıştır. Bu durum, "kurbağa modelini" hatırlatmaktadır. Model üzerinden simülasyonu çıkartılacak olursa, medya aygıtı içi soğuk su dolu bir kovandır ve bireyler, bu kovana atılan kurbağalardır. Kovanın altına ateş yakılır, yani medyadan yayılan mesajlarla tüketim ideolojisi ekilir ve birey bir yerden sonra bu duruma karşı koyamaz. Bu ekme işlemini gerçekleştiren, en uzun süreli kullanımda olan ve etki eden ise, içeriksel açıdan şüphesiz televizyondur. Kula'nın (2012:529) ifade ettiği üzere, neticede televizyon bir hikâye anlatıcısıdır ve geçmişte soba başında masal anlatan ninelerin yerini almıştır. Masalların sonunda verilen öğütler gibi medya formatlarının içerisinde ve sonunda verilen mesajlarla tüketim ve kapitalist ideoloji zihinlere ekilmektedir. Bu durumu Gerbner, "cultivation" kavramıyla açıklamaktadır. Erdoğan'ın (irfanerdogan.com, 2019) aktarımıyla, Gerbner, 1960 'da Laswell'in geçmişteki incelemelerinin muhasebesini yaparak ve elde ettiği sonuca bağlı kalarak, medyanın bir kültürde var olan tutumlar ve değerleri ekip geliştirdiğini, böylece bir kültürde "birleştirici rol oynadığını" belirtir. Birleşme, herhangi bir şey etrafında yapılan bir eylemdir. Dolayısıyla medya birleşimi tüketim ortak paydasında yapılmaktadır. Tüketimle mutluluğun ve toplumsal refahın geleceği öngörülen bir ütopya hayali ekilmektedir. Ve davranışları bu yönde düzenlemek istemektedir.

Bu anlamda medya, bilinçlere kapitalist ideolojiyi ekerken aynı zamanda bir propaganda da yapmış olmaktadır. Çünkü bu ideolojiyi tek taraflı olarak dayatmakta ve bireyleri uygulamaya sevk etmektedir. Bu sevki ise, diziler ve reklamlar yoluyla gerçekleştirmektedir. Kitle iletişim araçları, yani medyanın, kullanım alışkanlıkları başında eğlence amaçlı kullanım gelmektedir. Dolayısıyla medya, en temelinde gösteri dünyasının eğlence sektöründe kullanılmaktadır. Bir anlamda kültür endüstrisi tarafından yönetilen ve yönlendirilen eğlence sektörünün aktarımı sayesinde medya bugünkü gücüne kavuşmuştur. Mutlu'nun (2005:39) da ifadesiyle, kitle iletişim araçları post-modern dönemin tüketim toplumunda, arzunun tüketim için üretimi konusunda, ulaşabildikleri en üst düzeye reklam ve eğlence sektörü vasıtasıyla ulaşmışlardır. Eğlence sektörü görsel-işitsel değerlendirildiğinde karşılığı diziler olmaktadır. Diziler yoluyla insanların ulaşmak istedikleri kapitalist ütopya, somut bir ifadeye bürünmektedir. Çalışmanın, emeğin ve üretimin hiç görünmediği fakat tüketim ve Aylak Sınıf'ın had safhada bulunduğu diziler yoluyla tüketim kültürü bireylere empoze edilmekte ve kültürel değerler kâr marjı adına yok edilmektedir. Diziler yoluyla izleyiciler, abartılı kıyafetleri, evleri, mücevherleri, kısacası zenginliğe dair her şeyi istemeye, bu zengin yaşamı arzulamaya davet edilmektedir (Kula, 2012:508). Dizilerde gösterilen lüks yaşam, tüm nesneleriyle hedeflenen ideal dünyayı sergilemektedir. Bu dünya, kimliğin ve statünün tüketim ile belirlendiği, arzuların sonsuz olduğu ve paracı piyasaya hizmetin sınırsız olduğu bir dünyadır. Bu dünya, kimliğin imaja indirgendiği bir gösteri dünyasıdır. Bu gösteri dünyasının destekleyenleri ise şirketlerdir. Sponsorluk olarak adlandırılan çalışmalar yoluyla şirketler, bu dizilerin ve ideal dünyanın mitlerinin üretiminin devamını sağlamaktadırlar. Dolayısıyla satışlarını ve kar maksimizasyonunu sağlamaktadırlar. Dizilerde oynayan aktörlerin üzerindeki kıyafetler, arabalar, yemek yediği yerler, gezdikleri yerler vs. tüm yaşam pratikleri sponsorluklar ile sağlanmakta ve seyirci bireylerin hedonist arzuları tetiklenmektedir. Bireyler, o karakterler gibi davranmaktadırlar. Dolayısıyla medya bu anlamda, Bilgili'nin (2005:111) dediği gibi, bilinç yönetimi işinden ekonomik değer yaratır ve egemen üretim sürecini besler. Medya formatları, toplumun tüm kılcal damarlarına nüfuz etmektedir. Bireyler, kendi kimlik algılarını unutup hayran oldukları karakterler gibi bir kimliğe bürünmek isterler. Dolayısıyla medya aygıtları, Erdoğan'ın (irfanerdogan.com,2019) ifadesiyle, kapitalist sistem için fonksiyonel açıdan "dinleyen, seyreden, öğrenen ve taklit eden" siyasal, kültürel ve ekonomik tüketim cahilleri yaratmaktadır. Ve bu bireyler üzerinde, görüntünün yanıltıcı özelliğini kullanarak emellerini gerçekleştirmektedir. Çünkü bireylere görüntünün kendisi değil, sistemin onay verdiği görüntünün simülasyonu veyahut görüntü parçacığı aktarılmaktadır. Bireyler bu noktada, dünyayı algılama konusunda bilinçlerini sisteme bağlamış durumdadırlar. Zihinlerini kapitalist yanılsamalarla doldurduklarından ötürü, görüntü parçacığının oluşturduğu bulmacadaki görüntüdeki büyük resmi görememektedirler. Çünkü sistemin geldiği noktada, birey sorgulamaya başladığı noktada etrafını saran kapitalist ögelerce "mutlu olmama hakkına sahip olmadığı" hatırlatılır. Dolayısıyla bireyler, yaşam pratiklerini dizilerdeki karakterlere göre şekillendirmekte ve sosyal ilişkilerini bu bağlamda kurmaktadırlar. Günün sonunda bireyin değişimi, toplum ve kültürün değişimini doğurmaktadır.

Kapitalist tüketim kültürünün diziler dışındaki aktarım araçlarından biri de reklamlardır. Reklamların, tüketimin oluşturulması, devamlılığı ve yerini sağlamlaştırılması adına önemi, yadsınamaz bir gerçekliktir. Çünkü reklamlar, hem kendisi bir emtia olarak satışa sunulmakta hem de tüketim toplumunun oluşmasına hizmet eden içeriğiyle şirketlerin kar maksimizasyonuna hizmet etmektedir. Dallas Smythe'e göre medya, hem kendisi bir emtia olarak pazarda işlem görmekte hem de birtakım ürünlerin pazarlanmasına reklam yoluyla aracılık etmektedir (akt. Kara, 2014:57) Dolayısıyla reklamlar yoluyla pazarın arz-talep dengesi kurulmaya/korunmaya çalışılmaktadır. Bu anlamda aşırı derecede olan üretime karşın talep oluşturulması hedeflenmektedir. Arz-talep dengesinin korunması, sistemin çarklarının dönmesinin başat faktörüdür. Görüntünün yanıltıcılığı ile reklamlarda ürün/hizmetler gösteriye çıkmakta ve bireylere sunulmaktadır. İşte bu sunumun yapılması noktasında Kültür Endüstrisi ile iç içe geçen bir yapı sergilenmektedir. Aslında reklamcılıkla iç içe geçmiş Kültür Endüstrisi, daha fazla tüketmeleri için insanları yönlendiren bir araçtan başka bir şey değildir (Yanıklar, 2010:30). Reklamların tek görevi manipülasyondur. Aynı görevi üstlenen Kültür Endüstrisi ile birlikte paslaşmalar yapmaktadır. Bu nedenle insanların duygularına hitap etmekte ve arzularını harekete geçirmek istemektedir. Bugüne kadar yapılan bütün reklamlar, bireylerin duygusal zekâlarının kontrol edildiği yer olarak tanımlanan "ilkel beyin" bölgesini hedef almaktadır. Reklamcılık, sanat ve zanaat gerektiren usta işi bir laboratuvar gibidir. Ekranda sunulan bu yapay dünyada her ayrıntı, bireyi hazcı/hedonist arzularını ortaya çıkarmak için özenle seçilmiştir. Bu kadar dolaylı bir sürecin sonunda hedef bellidir. Kar oranlarının artmasının sağlanması. Bu noktada reklamların yarattığı sosyal etkiler büyük bir rol üstlenmektedir. Çünkü reklamlarda ürün satışının yanı sıra tüketim toplumunun ideal bireyi de oluşturulmaya çalışılmaktadır. Reklamlar, bir yandan kitlesel olarak üretilen malların pazarlanmasına yardımcı olarak tüketilmelerini sağlarken diğer yandan anonim şehir yaşantısı içinde insanların benlik arayışında, onlara benliklerini sunma, teşhir etmek için mal tüketimini önerme işlevini yerine getirmektedir (Hatipler, 2017:40).

Günümüzde gelinen noktada reklamlar, post-modern bireyin tüm dünyasını sarmış durumdadır. Günlük yaşam pratikleri içerisinde reklamlar -ki farklı teknikteki reklamlar- bireyin peşini bırakmamakta ve tüketime yönelmesini sağlamaya çalışmaktadır. Gündelik yaşam içerisinde görsel-işitsel medyada, açık hava reklam alanlarında, sosyal medya ve dijital mecralarda olmak üzere pek çok alanda bireyin karşısına reklamlar çıkmaktadır. Bireyin karşısına çıkan reklamlar, bireyin sosyal kimliğinin inşa sürecinde kullanıldığı ürüne göre statü belirleyici bir rol oynamaktadır. Dolayısıyla bu anlamda reklamlar, birey kadar ürünün/ metanın da imajını belirleyerek o ürünü kullanabilecek toplumsal sınıfın sınırlarını çizmektedir. Bu doğrultuda reklamcılık, ortaya çıkan satış stratejilerini ve ürünlerin imajlarını belirleyerek ekonomi ile kültür arasında önemli bir aracı haline gelmiştir (Jameson'dan akt. Ersoy, 2008:150). Bir anlamda da aynı zamanda imajlara aidiyet yüklemektedir. Ve birey ürünü tüketeceği zaman elde edeceği sınıfsal aidiyet faktörü ile tüketimi gerçekleştirmektedir. Meşhur telefon markası, en bariz örnektir.

Kapitalist ideoloji bağlamında reklam konusunun önemi, medyaya yüklenen vazifedir. Kapitalist toplumun ve bireyin üretimden tüketime dönüşümünün başat faktörü olarak medya görevlendirilmiştir. Ve ayrıca medya, Kültür Endüstrisi'nin temel aktarım aracıdır. Bu anlayışa göre, izleyici kitlesi oluşturmak için kitle iletişim araçlarıyla yayılan programlar kullanılır, reklam verenler bu izleyicilere ulaşabilmek için medya şirketlerine ödeme yapar (Yaylagül, 2018:67). Medya sektörünün bir ekonomik işletmeden meydana geliyor olması sebebiyle reklamlar temel gelir kaynağıdır. Medya şirketleri kendi gelirleriyle hayatta kalır ve ürünleriyle şirketlere hizmet eder. Reklamlar yoluyla talep yaratılır ve artı değer, tüketimci kimlik üzerinden sömürülür. Günün sonunda bu eyleme moda sektörü de katılır ve tüketim toplumunun inşası gerçekleştirilir ve de devamlılığı sağlanmaya çalışılır. Sonuçta da Taylan ve Arklan'ın (2008:92) Kellner'den aktardığı üzere, reklam ve moda endüstrileri tarafından yeni bir tüketim toplumunun üretilmesi ve bireylerin bu tüketim toplumuna katılmaları öngörülmektedir. Bu öngörüden ötürü, kapitalist ideoloji başta reklamlar yoluyla, bireyleri mesaj bombardımanına tutmaktadır. Durum böyle olunca, bireyler reklamlardan kaçmaya başlamış ve tüketimi yapılan ürün/ meta konusunda güvendikleri insanlara danışır olmuşlardır. Günümüz aşırılıklar çağında reklamlar da aşırı bir hal almıştır. İnsanlar aşırı bilgiye boğulduklarında ve geleneksel iletişim biçimlerine karşı bağışıklık geliştirdiklerinde bu kez bilgi ve tavsiye almak için yaşamlarındaki saygı, hayranlık ve güven duydukları insanlara yönelirler (Gladwell, 2014:224). Dolayısıyla, metaların kullanım noktasında "kanaat önderleri" olarak adlandırılan güvenilir kişiler, bireylerin sosyal yaşamlarında etkili olmaya başlamışlardır. Esasen bu durum, kapitalizm için bir aksama olarak ele alınabilir fakat sistem her konuda kendine muhalefet olanları istediği yerde sakladığı ve bastırdığı gibi, bu durumu da çözüme kavuşturmuştur.

Kapitalizmin bulduğu bu çözüm "influencer" olarak adlandırılan sosyal medya fenomenleridir. Özellikle dijital medyanın gelişimi ile birlikte sosyal mecralar ve sosyal medya fenomenleri, gündelik yaşam içerisinde önemli bir rol oynamaya başlamışlardır. Hal böyle olunca bireyler, onlarla etkileşim kurmuş, onların yaşam pratiklerini seyretmiş ve onları örnek almaya başlamışlardır. Dolayısıyla, bu beğeni durumu, fenomenler için bir kazanç kapısı, reklam verenler için bir reklam mecrası olmuştur. Zaten dijital emeğin sömürü noktalarından biri de budur. Bu sosyal medya fenomenleri, şirketlerle anlaşmalar yapmış ve reklamlı/ sponsorlu içerikler yayınlamaya başlamışlardır. Aynı dönemde, onlara duyulan hayranlık vb. etkenlerden dolayı kanaat önderlerinin yerlerini almışlardır. Günümüz post-modern toplumunda ideal bireyin kanaatlerine yön verenler, "influencer" olarak adlandırılan sosyal medya fenomenleridir. Sosyal medya fenomenleri, kapitalizmin önündeki engellere çözüm üretmekte ve dahası bireyleri/ kitleleri, kapitalist zincirin halkalarına eklemektedirler. Bu noktada bireyin sormadığı bir soruyu sormak gerekmektedir. Sponsorlu içerikler ne derece güvenilirdir?

En nihayetinde kapitalizm, ideolojisini toplumlara benimsetmiştir. Fakat burada dikkat edilmesi gereken nokta, kapitalist ideoloji bireyler üzerinde bir hegemonya kurularak benimsetilmiştir. Dolayısıyla, kapitalistleri yaptıkları için suçlamak son derece zordur. Çünkü hegemonya rıza demektir ve kapitalizm, ideolojisini hegemonik ilişkiler kurarak benimsetmektedir. Diğer bir deyişle birey gerek tüketim noktasında gerekse yaşam pratiklerini şekillendirmek ve dünyayı yorumlamak noktasında, kendi rızasıyla davranıyormuş gibi gözükmektedir. İşte bu husus, aktarım aracı olan medyanın herhangi bir meta üretiminden ayrıldığı noktadır. Çünkü medya, bilinçlerde bu rızanın üretilmesi için çaba sarf etmektedir. Hegemonya, ekonominin şekillendirdiği kültür gibi üstyapı ürünleri ile ilgilenir. Medyanın kültür içerisine girmesi bu yüzdendir. Medya, bireyler üzerinde kurduğu rızaya dayalı ilişkilerle kapitalist ideolojinin devamlılığını sağlamaktadır. Medya, işlik dışı boş zamanı ele geçirmiştir. Kapitalizmin hegemonyası, arzuları tetiklemek ve hedonist heveslerin sönmesine izin vermemek düzleminde hareket etmektedir. Bu anlamda kapitalizmin ideolojik hegemonyası, Çoban'ın (2012:8) Rojek'ten aktardığı üzere, kendini çok farklı şekillerde ele verir. İktisadi, ekonomik, kültürel, toplumsal, ahlaki hemen her alan, işlik ve işlik dışı boş zaman süreçleri kapitalizmin ideolojik hegemonyasını kurduğu, kendisini yeniden ürettiği, varlığını/ gücünü perçinlemek için her türlü enstrümanı kullandığı birer iktidar alanı olarak fonksiyon görür. Medyanın vazifesi ise, yeniden üretimin devamlılığını sağlamaktır. Medya bu görevini, enformasyonu paketleyip imaja dönüştürerek yapmaktadır. İmajlar halinde yaydığı iletilerle kapitalizmin statükosunu güçlendirir. Medyanın ana vazifesi, süregelen kapitalist düzeni korumak ve devamlılığını sağlamaktır. Bu da rızanın yeniden üretimi ile mümkün olmaktadır. Bu görevinden ötürü, kitle iletişim araçlarından yayılan iletilerle, Taylan ve Arklan'ın da (2008:91) dediği gibi, hâkim kültürün diğer kültürler üzerinde hegemonya kurması sağlanmaya çalışılmaktadır. Kapitalizm, ideolojik hegemonyasını kültür endüstrisi yoluyla farklı biçimlerde paketler ve medya aygıtı gibi devletin ideolojik aygıtlarıyla topluma sunar. Başta medya olmak üzere, bu ideolojik aygıtların sunum ve aktarımlarıyla söz konusu kapitalist tüketim ideolojisi tüm birey ve toplumlara ulaşır. Böylelikle bireylere zerk edilen bu ideoloji, bireyin tüm yaşam formlarında yer alır ve bireyi yeniden dizayn eder. Adorno ve Horkheimer'e göre, hayatın her alanı kültür endüstrisi tarafından metalaştırılmakta ve böylelikle hâkim ideoloji hem ekonomik hem de ideolojik olarak kitlelerin bilincinde yeniden üretilmektedir (Kara, 2014:52). Böylelikle kapitalizmin hegemonyası kurulabilmektedir. Dolayısıyla da tüketim, bir tercih meselesi olarak gözükmektedir. Günün sonunda, bireyler fark edemese de bu tüketim tercihi yönlendirilmiş bir tercih olmaktadır. Burada kültür endüstrisi, manipülatif bir eylem gerçekleştirmektedir. Zaten "kültür endüstrisi" denilmesinin sebebi de budur. Zira kültür, piyasa koşullarında endüstrinin içerisine çekilmiştir. Tüketim toplumu felsefesiyle, medya aygıtının ekonomik-politik sebeplerinden ötürü yaşadığı birliktelik neticesinde kültür endüstrisi kavramı bireylerin yaşantısında yer edinmiştir. Kültür Endüstrisi'nin yaptığı hile, deyim yerindeyse tozpembe bir dünya resmi çizmektir. Bireylere, şahsi hazlarını tatmin etmelerini ve isteklerini ötelememelerini öğütlemektedir. Bu noktada tüketimci benlik/ kimlik yapısı toplumsal normların önüne geçmektedir. Ersoy'un da (2008:146) Herman'dan aktardığı üzere, kültür endüstrisinin oluşturduğu bu ortamda tüketim, bir ahlak olarak kabul edilmektedir. Bu ahlak anlayışı içerisinde ideal insana aktarılan mesajlar, dini bir vazife olarak kabul görmektedir. Başka bir deyişle bireye öğütlenen ideal form, dini bir öğüt olmaktadır. Bireye sürekli mutlu olması gerektiği, sürekli tüketmesi gerektiği ve dünya üzerindeki en ideal düzenin bu olduğunu kabul ederek sorgulamaması gerektiği öğütlenir. Mutluluğun yolu, eğlence ve haz almaktan geçmektedir. Adorno ve Horkheimer'ın etkili bir şekilde altını çizdiği kültür endüstrisi, kitlelerin boş vakitlerini eğlenceli kılmak, her şeyin yolunda gittiği yanılsaması yaratarak, dizgiyle konformist bir bütünleşiklik hali meydana getirmek üzere faaliyet gösterir

(Aytaç, 2004:131). Bu faaliyetlerini video-görsel içerikler yoğun olmakla birlikte gerçekleştirmektedir. Başat aktarıcılardan biri, dizi/film endüstrisidir. Bu endüstri, bireyin gündelik algı dünyasıyla oynamaktadır ve bireylerin aklıyla alay edercesine onları yönlendirmektedir. Dahası, sisteme bağlı hale getirmektedir. Diziler ve medya formatlarında aktarılan simge ve kalıplar, bireylere benimsetilmektedir. Bireyler, bu semboller/ aktarımlar üzerinden yaşadıkları toplum ve dünyayı anlamlandırmaya çalışmaktadırlar. Neticede kapitalist ideoloji, bireyin üzerinde iktidarını inşa etmektedir. Bu iktidar, bir yandan bireyi idealize ederken diğer yandan ona eksi yönlerini göstermekte ve kendi çıkarlarına en uygun çözümü sunmaktadır. Örneğin güzellik, tüketimle gelen bir imajdır. Söz konusu imaj, bireyin bedenini yeniden inşa etmesini gerçekleştirme noktasına gelmiştir. İdeal dünyanın ideal insanı olamayan birey, dışlanacaktır. Dışlanmak istemeyen tüketmek zorundadır. Güzellik, tüketimle gelen bir imajın dışında bir şey değildir. Özgen'in (2017:2) aktarımıyla, güzellik söylemi kadınlara kusursuz bir imaj sunar, güzellik kriterlerini dayatır ve kadınlara yetersiz olduklarını hissettirir, bu eksiklikten ve yetersizliklerin aşılmasının ise ancak güzellik endüstrisinin ürün ve hizmetlerinin satın alınmasıyla mümkün olduğu imajı yaratılmaktadır. Bu bağlamda ideal dünyanın ideal güzellik normu kapitalist kozmetik endüstrisinin kirli bir oyunundan başka bir şey değildir. Medya ile ideal güzellik tarif edilmekte ve aktarılmaktadır. Medya, kültür endüstrisinin çizdiği bu portrenin aktarımıyla bir biyo-iktidar uygulamaktadır. En nihayetinde ise kapitalizm, günümüzde sadece biyo-iktidar değil psikolojik/ bilişsel iktidarını da uygulamaktadır. Böylece hem kendi varlığını garanti altına almaktadır, hem de sürekliliğini sağlamak adına ihtiyaç duyduğu kitleyi/ toplumu da üretmekte ve dizayn etmektedir. Kültür endüstrisi ve medya ilişkisinin yaptığı şey budur.

NE KADAR EKONOMİK, O KADAR POLİTİK...

Kapitalist ideolojinin bireylere ve toplumlara yüklediği istemin rızaya dayalı olarak üretilmesi esasında faaliyet gösteren medya, şüphesiz bu ideolojinin aktarım aracıdır. Fakat medya olgusu soyuttur. Dolayısıyla, kapitalist düzen içerisinde yer almasına karşın işleyiş biçimi pratikleri olarak kapitalist endüstrilerden farklıdır. Endüstrilerde metalar üretilir ve toplumsal yaşam normları içerisinde yer edinerek mübadeleye tabii olurlar. Fakat medyada mübadele değil üretim vardır. Medyada yapılan üretim, bir algı üretimidir. Geniş kitlelere yayılması ile kitleleri yönlendirir. Bu nedenle kapitalistler tarafından sıkça kullanılır hale gelmiştir. Medya, belirleyici bir rol oynamaktadır. Hatipler'in de (2017:47) dediği gibi, kitle iletişim araçları olarak adlandırılan medya, tüketim ekonomisinin en temel belirleyicisidir. Medyanın ekonomik-politiği de bu noktada kendini göstermektedir. Çünkü medyanın tek özelliği tüketime yönlendirmek değildir. Bireyleri ve toplumları kapitalist ideoloji etrafında oryantasyona tabii tutmaktadır. Ki zira kapitalizm; ekonomik, siyasal/politik ve bir o kadar da kültürel bir özellik taşımaktadır. Dolayısıyla siyasal bir terim olan ideoloji, "bırakınız yapsınlar" politikası güden ekonomi temelinde özümsenmektedir. Bu politika neticesinde, her teşebbüs gibi medya da özel bir yapı haline gelmiştir. Özel yapılanması, ticari kaygı ve stratejileri medya sahiplerine yüklemiş ve böylesi bir ortamda medyanın ekonomi politiği dillendirilmeye başlanmıştır. Özel teşebbüs eliyle ekonominin belirlendiği ülkelerde hem yazılı hem de görsel-işitsel medya, özel girişimler tarafından yürütülmüş ve zaman içerisinde büyük sermayenin kontrolünde ve küresel kapitalizmin siyasal ekonomisinin hizmetinde gelişim göstermiştir (Bilgili, 2005:101). Sürekli olarak ekonomik hareketliliklerin gölgesinde kalmış ve yaşanan her kırılmadan etkilenmiştir. Bu kırılmalardan en büyüğü ise, tüketim ekonomisine geçiş sürecinde yaşanan algı değişimi olmuştur. Stagflasyon Krizi sonrasındaki tüketim ideolojisine geçiş sürecinde, üretim esaslarında işleyen baskıcı kapitalizm yerini hegemonik ilişkilere bırakmıştır. Bu nedenle yumuşak güç politikası gütmüştür. Ki baskı ile rıza alınamayacağı aşikârdır. Bu durumu Barber, sert gücü model alan eski ekonomi, bedeni hedefleyen sert mallarla iştigal ederken yumuşak gücü model alan yeni ekonomi, akıl ve ruhu çözmeyi hedefleyen yumuşak hizmetlere dayanmaktadır (akt. Şentürk, 2008:233) diyerek anlatmaktadır. Medyanın öneminin ortaya çıkması ve kapitalistlerce kullanılması bu noktada kendini gösterir. Bu gösterimi ile medya, önemli bir işlev yerine getirmektedir. Smythe de özel sektöre ait seri üretim yapılan ve reklam verenler tarafından bir medya altyapısı oluşturularak, medyanın kapitalist ekonomik sistemler için önemli bir işlev yerine getirdiğini belirtir (akt. Yaylagül, 2018:67).

Medya bu işlevini yerine getirirken birtakım aracılardan yararlanır. Bu aracılar "eşik bekçisi" olarak tanımlanmaktadır. Medya formatları, haberler vb. içerikler medya sahipliklerine göre bir süzgeçten geçirilir. Belirtilmesi gereken nokta, medyanın tek vazifesi sadece tüketimi aşılamak değildir. Kapitalizme yön veren bir takım elitin çıkarlarına göre hareket etmek zorundadır. Zira medya sahiplerinin de kar endişesi vardır ve aksi takdirde reklam alamayacaklardır. Bu nedenle medya sahipleri, eşik bekçilerine dikkat etmek ve ekonomik-politik dengelere uymak zorundadırlar. Bir örnekle detaylandırmak gerekirse, markalar tüketim ideolojisinin vazgeçilmez yıldızlarıdır. Medyada bu nedenle olumsuz haber görmek neredeyse imkânsızdır. Zaten birçok petrol şirketinde olduğu gibi, küresel medya sahipliklerinin de büyük bölümü bu şirketler veyahut iştirakleridir. Bu şirketlerle ilgili olumsuz haber görmek neredeyse imkânsızdır, eşik bekçileri devrededir. Bir anlamda, Koç'un da (2015:109) ifade ettiği üzere medya, neo-liberal dönemin çıkar çatışmalarından hayli etkilenmiş ve ekonominin şekillenmesiyle paralel olarak bir kamusal alan olmaktan çıkıp tüketim alanı haline gelmiştir. İktisadi kaygılar, manipülatif kullanımı tetiklemiştir.

Bu manipülasyonun başlıca kullanımı ise "Gündem Belirleme" özelliğinde gizlidir. Medyadan aktarılanlar, kamuoyu gündemini oluşturmaktadır. Bir olay/olgu/konu hakkında gündemin oluşması ise o şeyi popülerleştirmektedir. Popülarite, bireyin bilincinde o şeyin daha rahat yer edinmesini sağlar. Dolayısıyla bir anlamda medya, toplumların 4. gücü olmuştur. Anayasal toplumlarda yer edinen yasama-yürütme-yargı erkinin yanına bir de medya erki eklenmiştir. Çünkü medyada kapitalistlerin istediği konular yer edinmekte ve böylelikle istenilen eylemin gerçekleştirilmesi konusunda rıza üretilmektedir. Günümüzde içinde olunan küreselleşme olgusu, medyadan yayılan ve sıklıkla tekrarlanan mesajlarla kabul görmüştür. Bu örnekleri çoğaltabilmekle birlikte gelinen noktada medyanın doğru haber değil, imaj halinde paketlenip istenilen haberi/ içeriği sunduğu gerçeği göz önündedir. Doğru, bir avuç elitin doğrusu olmuştur. Asıl görevi halka doğru bilgi vermek olan medya organı, artık ticari bir meta haline gelmiş olan haberi, satış için üreten bir fabrika şekline bürünmüştür (Yılmaz,2013:243).

Günün sonunda gerek tüketimi ideolojisine yönelik içeriklerle gerekse kapitalizmin arka planında onu besleyen haber vs. kapsamlı içeriklerle yürütülen ideolojik tahakküm, başarılı sonuç vermiştir. Kapitalizm, kendi çıkarlarına uygun hareket eden bireyi ve toplumu dizayn etmeyi başarmıştır. Toplumlar, bilinç yönetimi ile yönlendirilmişlerdir. Neticede kapitalizme topyekûn teslim olan toplumlar bihaber hareket etmekte ve kabulleniş göstermektedirler. Bernays, "küçük bir çekirdek, büyük kitleleri yönlendirebilir" demiştir. Eğer kitlelerin hareket mekanizması ve eğilimlerini anlarsak, büyük kitleleri onların "haberi olmadan" yönlendirebiliriz (Avar, 2016:102). Gerçekten de öyle olduğu, bugünkü tabloda gözükmektedir. Kapitalist ideolojiyle toplumlara ve dünyanın gidişatına yön veren bir avuç elit, medya aktarımlarını yürüttüğü kültür/bilinç endüstrisi ürünleriyle birey ve toplumları yönlendirmektedir. Toplumlar bu duruma sessiz kalmışlardır. Çünkü toplumu oluşturan bireylerin etrafı, medya başta olmak üzere ideolojik aygıtlarla kuşatılmıştır. Ve birey, kendisine aktarılan ideolojik imajlara tepki gösterememektedir. Çünkü oluşturduğu toplumsal kimlik ve statüden mahrum kalma kaygısı gütmektedir. Başka bir deyişle, toplumdan dışlanma kaygısı içerisindedir. Bu durum bireyi, bir suskunluk sarmalına itmektedir. Medya, yaymak istediği algıyı sonsuz bir döngü içerisinde tekrarlayarak bireylerin bilincinde yer etmek çabası içerisindedir. Bu döngünün bir paydası şöyle gerçekleşmektedir. Önce herhangi bir şey ortaya atılır, sonra haber yapılarak ve üzerine yazılar yazılarak konu popülerleştirilir, gündeme taşınır. Direnç gösteren bireylere karşın tekrarlanarak gösterilir. En nihayetinde toplumsal/ sosyal bir konu halini alır ve toplumda yer edinir. Bu esnada bireyler, bilinç ve inanış olarak bir çelişki yaşarlar. Festinger'e göre, eğer kişinin sahip olduğu inanç, bilgi ya da tutum yine o kişinin sahip olduğu bir başka inanç, bilgi ya da tutumun tersini gerektiriyorsa bu iki inanç, bilgi ya da tutum arasında bilişsel çelişki vardır (Kağıtçıbaşı'ndan akt. Boz, 1999:44). Fakat birey, bir çelişki yaşasa da toplumsal çoğunluğun ritmine uyum sağlar. Çoğu zaman yaptığı şeyi sorgulamaz. Tutumlarındaki ve davranışlarındaki tutarlılığı sorgulamaz. Toplumsal kabullenişe adapte olmak için bir iç neden arar. Kapitalizmin tüketimci hegemonyasında bu iç neden, hedonist arzulardır. Martin Lindstrom'un da "Buyology" adlı eserinde özetle değindiği üzere, birey önce herhangi bir tüketimi gerçekleştirir ve sonrasında doğru bir eylem yaptığına kendini inandırmaya çalışır.

Medya konusundan bahsederken altının çizilmesi gereken belki de en önemli nokta, medyanın küreselleşmesidir. Medya holdingleri, ekonomik-politik yapısından ötürü, ekonomik dengelere ve çıkarlara dikkat etmek zorundadır. Kapitalist ideolojinin 20. yy sonlarından itibaren baskın bir şekilde küreselleşmesi medya aygıtı ve medya mülkiyetini de etkilemiştir. Medya olarak addedilen iletişim araçları, kapitalist ideolojini başat aktarıcısıdır. Medya aygıtı ile kapitalist şirketler, ideolojik taarruz yoluyla ideal olarak tanımladıkları bireyi denetim ve gözetim altında tutmakta ve buna rıza sağlamaktadırlar. Küresel kapitalizm, yeni teknolojileri özellikle iletişim teknolojilerini kullanarak, toplumsal denetimi kullanarak, bu denetimi tüm güçlerin önünde tutmaktadır (Sucu, 2011:130). Aynı zamanda kendini meşru kılmaktadır. Medya aygıtının yaptığı propaganda meşruluk kazanmaktadır. Medya amaçlarından bir tanesi de yatırım almasını sağlayan bu özelliğidir.

Medya mülkiyeti, şirketlerin küreselleşmesi neticesinde küresel yapının içerisine girmiştir. Günümüzde medya kanalları, küresel şirketlerin çıkarlarına hizmet etmektedir. Medya, bu şirketlerin ideolojisi etrafında toplumları şekillendirir. Bugün dünya medyasına yön veren 13 şirketten söz etmek mümkündür. Bu şirketler, Avar'ın (youtube.com, 2019) aktarımıyla, Fox, Bertelsmann, CBS, Comcast, Herst Corporation, Lagardere Group, News Corporation, Organizasyon o Globo, Sony, Televisa, Walt Disney Company, Werner Media, Viacom Media olarak sıralanabilir. Bu medya şirketleri, manipülatif haber ve ideolojik aktarım yapmakla birlikte ideolojik-kültürel ürünler üretmektedirler. Bu üretimleriyle toplumsal değer yargılarını serbest piyasanın kontrolüne bırakılmasını istemektedirler. Bu anlamda küreselleşmenin en güçlü avukatı olan global medyanın asıl amacı, Girgin'in de (akt dorduncukuvvetmedya.com, 2019) dediği gibi, her türlü yerel, bölgesel, ulusal değer yargılarına karşı çıkarak serbest piyasa ve sermayenin egemenliğini öngören "yeni dünya düzeni" ideolojisinin bir propaganda aracı olmaktır.

Bu propaganda, kültür endüstrisi yoluyla üretilen ürünlerin aktarımıdır. Medya, iletişimsel akışı kolaylaştırmaktadır. Çoban'a (academia.edu.tr, 2019) göre, küresel ölçekte üretilen kültürel ürünler iletişimsel akışın kolaylaşmasıyla tüm toplumlara aktarılmakta ve tek tipleşen bir küresel kültür yaratılmaya çalışılmaktadır. Bu kültür de post-modern ideal bireylerin olduğu, geleneksel kültüre ait kolektif bilincin zerresine rastlanılmadığı, "ben" merkezli bir kültür olarak dile getirilmektedir. Bu açıdan yaklaşıldığında ise, "kültür emperyalizmi" kavramıyla karşılaşılmaktadır. Kapitalizmin yaşadığı emperyalist süreç içerisinde bir yok etme durumu kaçınılmaz olarak karşılaşılan bir manzaradır. Kültürel boyutta ise, inançların ve tutumların değiştirilmesi noktasında kültürel emperyalizmden bahsetmek mümkündür. Dışarıdan aktarılan kapitalist Batı kültürü, pek çoklarının dediği gibi, toplumların kültürel yapısına ait olgu ve ürünleri topyekûn ortadan kaldırmamaktadır. Fakat onlarla birlikte sergilenmektedir. Esas ayrım burada yaşanmaktadır. Çünkü kültür emperyalizmi bağlamında Batı kültürünün materyalleri, diğer kültürlerdeki bireylerin hedonist dokularını ortaya çıkarmaktadır. Hollywood tarzı kültürel göstergeler, tüketim ve kapitalist ideolojiyi yaymak ve kültüre entegre etmek için faaliyet göstermektedir. Bu nedenle çoğu zaman ilgili kültürün ürünleriyle sergilenip melez bir yapı ortaya çıkartılır. Bu bağlamda kültür emperyalizminin yorumlanması, toplumsal yapıdaki birliktelik algısının "ego" ile yer değiştirmesi bağlamında yapılabilir.

IV. BÖLÜM: BİR TAKIM DİĞER GÖRGÜL UYGULAMALAR...

Cambazın Arzusu'nun bu bölümüne kadar kapitalizmin bir üretim sisteminden bir tüketim ideolojisi haline gelişi ve bu gelişime katkı sağlayan medya aygıtı aktarılmıştır. Son elli yıllık süreçte devinimi artan küresel ve ilerisinde transnasyonel kapitalist şirketlerin, bu formları uygulamaları somut gerçeklik olarak kültürlerin ve toplumların sosyal gerçekliğini inşa etmiştir. Dolayısıyla kapitalizmden bahsederken atlanılmaması gereken noktalardan bir tanesi de bu ideolojinin vücut bulduğu görgül uygulamalardır. Cambazın Arzusu'nun bu bölümünde kapitalist uygulamalardan örnekler aktarılacaktır.

Örnek Uygulama 1: Dünyanın En Büyük Kola Markası...

Bireyler, organik canlılar olarak yaşamlarını devam ettirebilmek adına birtakım ihtiyaçları karşılamak zorundadırlar. Bu ihtiyaçların başını da sıvı (su) tüketimi ve susama hissinin bastırılması çekmektedir. Lakin gelinen günümüz dünyasında ihtiyaç ve ihtiyaçları karşılayan metalar aynı değildir. Küresel kapitalizmin en bariz göstergesi olan kola firmaları, yapay olmasına rağmen, susama ihtiyacını karşılayan yegâne içecek olmuşlardır. Bugün, bireylerin susama anında akıllarına kola gelmektedir. Bir pazarlama harikası olan kola, kültür endüstrisi yoluyla görsel-işitsel medyaya yaptığı yatırımlarla kendi dünyasını yaratmıştır. Kola üreticileri, pek çok şekerli mamul üreticileri gibi "mutluluk" hissini sahiplenmeye çalışmaktadırlar. Çünkü bireyler, gündelik yaşam normlarında belirli düzeyde mutluluk ihtiyacı duyarlar. Kola üretici şirketler, bireylere "tüketim neticesinde mutluluk" vaat etmektedirler. Ve bu nedenle bireylerin hedonist kimliğini ortaya çıkartmak adına kullandıkları sloganlar ve pazarlama faaliyetleriyle bireylerin etrafını sarmış durumdadırlar. Sundukları vaadin yapışkan yayılımıyla yakaladığı başarılarıyla markalar, "Amerikan Rüyası" olarak aktarılan ütopyanın şekle bürünmüş halidir.

Örnek Uygulama 2: Özel Günler Meselesi...

Bu bölüme kadar kapitalist ideolojinin yöneticilerinin, diğer adıyla "İnsanlığın Ustalarının" ideal bireyi her daim gözetim altında tutma isteğine değinilmiştir. Denetimi tüketimci kimlik üzerinden gerçekleştirmek isteyen kapitalizm, ideal bireyin tüm düşün dünyasını yönlendirmekte ve değer yargılarına hükmetmektedir. Günün sonunda bireyin kendisi bir meta haline gelmiştir. En nihayetinde ise birey adeta bir robot gibi kontrol edilmektedir. Bu robotun duygulanımı, tüketim özelinde kodlanmıştır. Toplumsal bellek ve kültürün önemli gördüğü tüm olgular, birer güne indirgenmiştir. Örneğin "Sevgililer Günü" 14 Şubat'a indirgenmiştir. Aşk dahi kapitalizmde kullanılan, alınan-satılan bir meta haline gelmiştir. Yani bireye, kimi hangi gün hatırlayacağı, hangi gün seveceği öğütlenmektedir. Ayrıca hediyeleşme geleneği, geleneksel kültüre ait ananelerin başında gelmektedir. Geleneksel kültüre ait olan örfi bayramlar vardır ve bu bayramlarda bireyler süregelen insan ilişkilerini geliştirme fırsatı bulmuşlardır. Velhasıl ipin inceldiği yer burasıdır. İdeal birey ve toplumlarda hediye algısı kapitalistlerce değiştirilmiştir. Geleneksel kültürün kolektif ve tamahkâr yapısı metaya yüklenen anlamlar sürecinde yok olma noktasına gelmiştir. Artık herhangi bir hediye almaktan çok, alınan hediyenin ne olduğu ile ilgilenilmektedir. Hediye bir değer göstergesidir ve bireyi mutlu eder. Fakat bu durum değişmiştir. Hediye adı altında yüksek bütçelerle yapılan harcamalar tabii ki bireyi kapitalizme daha çok bağlamakta ve kapitalizmin birey üzerindeki hegemonyasını meşru kılmaktadır. Eee peki şirketlerin o günlerdeki kazançları ne kadardır? Orası her geçen gün değişmekle birlikte kesin sonuç, birey tüketim için gerekli maddi kaygılarla sisteme daha çok bağlanmaktadır. Küresel sermaye yine kazanmıştır. Dolayısıyla özel günler için küresel kapitalizme yön verenlerin evrensel bayram günleri demek, diğer bir deyişle şirketlerin bayramı demek hiç de yanlış olmayacaktır.

Örnek Uygulama 3: Bankalar...

Pek çok banka kuruluşu, müşterilerine para dağıtımı yapmakta ve para üzerinden para kazanmaktadır. Ve neredeyse her banka reklam filmlerinde çocukları hedef tahtasına oturtmaktadır. Peki, sizce bu bankalar neden herhangi bir geliri olmayan çocukları hedef almaktadırlar? Esas soru burada yatmaktadır. Çünkü bankalar, yaptıkları animasyon reklamlarıyla geleceğin müşterilerini hazırlamaktadırlar. Çocuklardaki marka farkındalıklarını şimdiden oluşturmaktadırlar. Çünkü gelecekte potansiyel hedefleri olacak olan bireylerin zihninde tanıdık olacak ve onları kendilerine müşteri haline getireceklerdir. Kapitalizm, bankacılık sektörü olmadan yaşayamayacak olan bir sistemdir. Velhasıl kapitalizm, bankalar yoluyla bireyin geleceğini ipotek altına alarak sisteme entegrasyonunu sağlamaktadır. Birey önce olmayan bir parayı harcar sonrasında ise o paranın borcunu ödemek için yoğun ve stresli kapitalist koşullara boyun eğmek zorunda kalır. Özellikle internet ortamında alışveriş kolaylığı ile erişim sorunu kalmayan birey için kredi kartı karşı konulmaz bir aygıttır. Bireye ulaşmak istediği her şeyin elinin altında olduğu algısı kredi kartı ile e-alışveriş birlikteliği ile oluşturulmuştur. Özellikle bu algı ile birlikte taksit meselesinden ötürü birey borçlandıkça borçlanmaktadır. Borçlu olan birey, tuzağa düşmüş demektir.

Örnek Uygulama 4: 11 Eylül ve Emperyalist Yalanlar...

Kapitalist zincirin es geçilemeyecek halklarından biri de kapitalizmin aldığı emperyalist boyuttur. Meta olarak değerli topraklar, kapitalistler tarafından fethedilmeli ve kaynaklar kapitalizmin hizmetine sokulmalıdır. Fakat kapitalist yeni nizamcıların bu isteklerini yerine getirebilmesi için bir sebebe ihtiyaçları vardır. Kapitalizmin yakın tarihte bulduğu sebep terördür. Hiçbir zaman kazananı olmayan terör, pek çok şey için fırsat kapılarını aralamaktadır. Terörle mücadele, kapitalistlere "efektif talep" ve emperyalist çıkarları hatırlatır. Savaşlar çok karlı iştir. Bu kar, çoğu zaman kapitalizmi krizlerden kurtarmıştır. Milenyum başında yaşanan (ve planlı olduğu iddia edilen) 11 Eylül tarihli "İkiz Kuleler" saldırısı, terör adı altında Afganistan ve Irak gibi zengin toprakların kapılarını aralamıştır. Bu aşamada medya, 11 Eylül'ü deyim yerindeyse satmıştır. Medya dillendirmesiyle, başta ABD halkı olmak üzere dünya halklarına "terörizm" kavramı aşılanırken ABD, meşru sebep ve haklılık kazanmıştır. Medyanın algı yönetimindeki manipülatif başarısı bu örnekte kendini göstermektedir. 11 Eylül bir nüve oluşturmakla birlikte örnekleri çoğaltmak mümkündür. Başka bir örnek verilmesi gerekirse, sosyal medyadan yayılan ve ana akım kanallarda aktarılan "Ümran Bebek" yalanıdır. Sonuç mu? Bugün halen Irak'tan, Suriye'den ve pek çok yerden elini çekmeyen küresel elittir.

Örnek Uygulama 5: Sosyal Ağlar...

Sosyal medya ortamları günümüz bireylerinin sıkça vakit geçirdiği ortamlardır. Birey, yalnızlığını sosyal medya ortamlarının suni dünyasının sunumlarıyla gidermeye çalışmaktadır. Bir nevi birliktelik ihtiyacını dijital dünyada yakalamaya çalışmaktadır. Öte yandan internet teknolojileri ve sosyal medya ortamlarının gösterdiği gelişim, McLuhan'ın "küresel köy" tanımlamasının geçerliliğini ispatlamanın başat aktörüdür. Sosyal medya, adından anlaşılacağı üzere, bireye sosyallik katacağını vaat eden bir medya ortamları dizisidir. Bu durum, günümüzde çok tartışmalı bir hal almış durumdadır. Cambazın Arzusu'nun teması kapsamında bu tartışma, es geçilecektir. Diğer yandan medya boyutu, Cambazın Arzusu'nun inceleme alanı olmaktadır. Ekonomik-politik yatkınlıkları nedeniyle sosyal medya ortamları da ticari düzenin birer parçasıdır. Ve buna rağmen bireylere "ücretsiz" olduğu ve de ücretsiz kullanım hakkı verildiği iddiasıyla yaşamlarına devam etmektedirler. O zaman sorulması gereken soru şudur. Her şeyin para olduğu monetarist serbest piyasada sosyal medya mecraları neden ücretsizdir? Ya da gerçekten ücretsiz midir? Tabii ki bu sorunun cevabı, ücretsiz olmadığıdır. Unutulmaması gereken nokta, kullanımı ücretsiz sunulan hizmetlerde satılan metanın bireyin kendisi olduğudur. Selim'in Bahçeşehir Üniversitesi'nde yaptığı konuşmasında değindiği üzere, sadece Facebook 110 tane sinyalle bizim kim olduğumuzu, sosyal yatkınlığımızı, neye para harcamayı sevdiğimizi hatta siyasal yatkınlığımızı tespit etmekte, aklında tutmakta, yeri geldiğinde de satmaktadır... Bugün bizi bizden çok daha iyi tanıyan markalar, bankalar ve siyasi partiler var. Brezilya ile birlikte Türkiye, dünyada en çok veri veren ilk 5 ülkeden biri (youtube.com, 2019). Hal böyle olunca, bireyi hedef tahtasına koyan kapitalizm, kendi gerçekliğini unutturmak isterken aslında bireyi unutmamak için elinden geleni yapmaktadır.

Örnek Uygulama 6: Türkülerimiz Giderken...

Kapitalizm tanımlamalarının genelinde bir ekonomik sistemden çıkıp siyasal ve kültürel bir boyut kazandığı dile getirilmektedir. Ve kapitalizm, bir bütün olarak hareket etmektedir. Dolayısıyla kapitalist ideoloji, kültür endüstrisi vasıtasıyla toplumu ortak bir paydada buluşturan kültürü manipüle etmektedir. Kültürel değişimle bireye yapılan aktarım değişmekte ve bunun neticesinde bireyin algı dünyası değişmektedir. En nihayetinde birey, yaşamı tanımlarken kullandığı dilsel ögeleri kültürel kodlar üzerinden inşa eder. Bu dilsel ögeler ile kültürüne ait sözlü ürünleri aktarır. Sözlü ürünler, kültürün en kolay aktarıcılarıdır. Türk kültürüne bakıldığı zaman ise, sözel geleneğin ögelerinin öğüt veren yapıda olduğu ve gerçek yaşama dair kalıntılar bulunabilen ürünler olduğu gözlemlenebilir. İşte kapitalizmin, burada devreye girdiği örneklerden biri de Türkiye'nin bildiği "Zeytinyağlı Yiyemem" adlı türküdür. Bu türkü, bariz bir şekilde kültürel emperyalizm örneğidir. Sözlerine bakıldığı zaman, gerçekten doğal olandan uzaklaştırma ve kendi ürettiği sınai margarinlere raflarda yer açmaktadır. Sanayi üretimi yağların kullanılmaya başladığı dönemde dillendirilmesi bir tesadüf olamaz. Süreç içerisinde, ülkenin kendi ürettiği ürünler yerini şirket ürünlerine bırakmıştır. Kendi ürettiğine yabancılaşan birey, kendisine yabancılaşmış ve kapitalist sisteme göbekten bağlanmıştır. Bu da tüm toplumun bağlanmasını tetiklemiştir. Kültürel kodlar, en sıkı bağlayıcılardır ve bu kodlarla oynamada başarılı olanların yaptıramayacağı herhangi bir şey yoktur.

Örnek Uyulama 7: Alternatif Yasak...

Kapitalizm bugün varlığını devam ettirebiliyorsa bunun sebebi kendi yaydığı yaşam normlarının en mükemmel olduğu kanısına toplumları inandırmış olmasında yatmaktadır. Çünkü bu algının benimsetilmesiyle kapitalizm, kendini meşru kılmaktadır. Sistem, bu algının devamlılığı ve dinamik olarak tekrarlanması noktasında bireylere görünmez bir baskı kurmaktadır. Çünkü bilindiği üzere kapitalizm, vazgeçen yani bu ideolojiyi benimsemeyen insanlara isteklerini yaptıramamaktadır. Aslında vazgeçmek, özgürlüktür. Ve sistem, bireylerin kendisinden vazgeçmemesi için bireylerin etrafına bir pranga sermektedir. Bu prangayı tabii ki medya aracılığıyla giydirmektedir. Medyada aktarım imaj dönüşerek bir süzgeçten geçmektedir. Hal böyle olunca sistemin alternatifi, medyanın kasıtlı yönlendirmesiyle daha aktarım halindeyken engellenmektedir. Kültür endüstrisi araçlarıyla uyutulan birey, derin uykusundan uyanmamalıdır. Bu nedenle karşı taraf sürekli olarak olumsuzlanmaktadır. Kuzuloğlu, 01/10/2017 tarihli CNN Türk kanalında yayınlanan "Gündem Özel" adlı tartışma programında bu durumu şöyle değerlendirmektedir. Kuzuloğlu'nun ifadesiyle sistem alternatif hayat tarzlarını, hayatta kaybetmişlerin, pes etmişlerin, havlu atmışların tercih ettiği bir yaşammış gibi bizlere sunmaktadır. Bu öyle bir sunuluyor ki, bizim acımamız gerekiyor. Bak sen kaloriferli evinde otururken o, Büyükada'da "lüfer mi çıktı istavrit mi?" derdine düşüyor... Bunun bilinçli bir tercih, daha mutluluk getiren bir yaşam formu olduğu ihtimalini sistem, aktarım halinde bile reddediyor (youtube.com, 2019). Karşı çıkanlar, negatif yönde ötekileştirilmektedir.

Örnek Uygulama 8: Elleri Kolları Barbie Bebek...

Kapitalist ideolojik iktidarının olgunlaşması ve bireyi şekillendirmesi noktasındaki çabası, bireyin doğumu ile başlar. Çünkü birey, altyapısal olarak kapitalist hegemonyanın var olduğu, serbest piyasa koşulları içerisinde var olan bir dünyaya gözlerini açar. Velhasıl, neticede bu iktidarın zihinsel/ algısal olduğu kadar biyolojik/ fizyolojik bir boyutu da vardır. Bireyin bebeklik çağından bu yana etrafını daran ve tükettiği tüm metalar ideolojiler ile donatılmıştır. Bu metalar belirli idollere dönüşerek bireye sunulmaktadır. Ersoy'un (2008:151) ifadesiyle, günümüzün idol oyuncakları kızlar için Barbie, erkekler için "action-man"lerdir. Çocukların oynadıkları oyuncaklarla dünyayı algılaması durumu göz önüne alındığında, bugünkü estetik operasyonlar hiç de şaşılacak bir durum değildir. Barbie bebeğin anatomisi, "ideal kadın" algısının vücut bulmuş halidir. Birey, gençlik ve ileriki dönemlerde bu algıda bir görüntü sergileyebilmek için bir çaba sarf etmektedir. Başka bir deyişle, Focualt'ın dediği gibi, biyoiktidar uygulamaktadır. Bu iktidar, kapitalist çıkarlar adına uygulanan bir iktidardır. Birey bu süreç içerisinde ideal formunda olmadığını düşünmekte ve kendini yetersiz hissetmektedir. Çünkü başta medya aygıtı yoluyla olmak üzere sistem, bireye hep imkânsız olanı "ideal" olarak sunmaktadır. Sonuçta kendini beğenmeyen birey, soluğu estetik cerrahi doktorlarının yanında almaktadır. Günün sonunda bireyi bir yandan hızlı tüketim ürünleriyle şişmanlatan/ sağlığından eden sistem, öte yandan bireyin kendisini beğenmemesini sağlamaktadır. Bugün, küresel pazar pastasında sağlık sektörüne düşen pay ve bu pay içerisindeki estetik müdahale masraflarının payı giderek artmaktadır.

Örnek Uygulama 9: Ne Ekersen Onu Biçersin

kapitalizm, medya vasıtasıyla aktardığı kültür endüstrisi ürünleriyle bilinçlerde bir ekme yapmakta ve kendi ideolojisini geliştirmektedir. Bu ekme ve filizlendirme işlemi doğrudan değil, algısal oyunlarla yapılmaktadır. Buna zemin hazırlayan ürünlerin başında da reklamlar ve televizyon/ internet dizileri gelmektedir. Diziler yoluyla ideal/ hedonist dünya ve tüketimcilik öğütlenerek küresel ölçekte yaygınlaştırılmaktadır. Bu öğüt drama dizileriyle zirve yapmaktadır. Bahsi geçen dizilerden biri de "Gossip Girl" adlı dizidir. Özgen'in 2017 tarihli araştırmasında baz aldığı nüveler, söz konusu durumu ortaya koymaktadır. Araştırma kapsamında bir katılımcıya yöneltilen soru üzerine katılımcının verdiği cevap, gerçekliği gözler önüne sermektedir. "Gossip Girl izlediğim dönemde, 'acaba ben de onlar gibi olabilir miyim? Keşke onlara benzesem' diye düşündüm. Diziyi izlediğim dönemde kendimi alışverişe verdim, o dönemde alışveriş yapmaya başladım. Önceden alışveriş yapmayı çok sevmezdim. Şimdide gördüğümü almak istiyorum". Daha önceki bölümlerde aktarılan "kurbağa modeline" tekrar bakmakta fayda vardır.

Örnek Uygulama 10: Sosyalist Kapitalistler

Kapitalizmin, masumiyet karinesinin altını çizdiği noktalardan bir tanesi de sosyal sorumluluk meselesidir. Şirketler, bireylere ve toplumlara masum görünmek için çeşitli sosyal sorumluluk projeleri başlatırlar ve hatta bireyleri bu projelere ortak ederler. Amaç basittir. Birey, geleneksel kültürden öğreti gelen yardımlaşma duygusunu deneyimleyecek ve vicdanını rahatlatacaktır. Fakat her şeyi "-miş" gibi sunan kapitalizmde durum hiç de öyle değildir. Sosyal fayda ve haklar kapitalizmin hizmetindedir. Kapitalist şirketler, bireye aldırdıkları ürünlerin belirli oranının sosyal derneklere gideceği gibi örneklemelerle bireyi tüketime sevk ederler. Bu yanılgıya kapılan birey sonuçta gene tüketim yapmıştır. Gel gelelim üretim tarafı yani madalyonun arka yüzü hiç de öyle değildir. Örneğin, çocuk hakları adına yardım yapacağını belirten pek çok şirket çocuk işçi çalıştırmaktadır. "No Logo" adlı eserinde Naomi Klein'in (2012:350) aktardığı üzere, Haziran 1996'da Life Dergisi, şok edecek kadar genç görünen ve saatte sadece 6 cent ücret alan Pakistanlı çocukları, üzerinde bariz Nike çengelleri görünen futbol topları üzerine eğilmiş çalışırken gösteren resimlerle büyük dalgalar yaratmıştır. Ancak bunu yapan sadece bahsi geçen firma değildir. Bariz olarak gözükmektedir ki, bugün de durum değişmemiştir. Hala dünyanın pek çok ülkesinde çocuklar, köle gibi çalıştırılmaktadır. Değişen şirket isimleri ve tesislerin bulunduğu ülkeler olmuştur.

Örnek Uygulama 11: Küresel Isınma...

Sanayi Devrimi'nin gerçekleşmesi ile birlikte üretimin hızlandığı görülmektedir. Lakin üretimin hızlanması ile birlikte, oluşan atık miktarı da artış göstermiştir. Doğaya salınan bu atıkların çevre kirliliğine (toprak kirliliği, su kirliliği, hava kirliliği vb.) neden olduğu görülmektedir. Lakin yarattığı sorunların sadece gözle görülür kirlilikten ibaret olduğunu söylenemez. Zira bu atıkların doğanın döngüsü içine katılarak çevre kirliliğinden daha büyük bir sorun olan "İklim" sorunlarını yaratmaktadır. Üretimin artması ve hızlanmasıyla birlikte sürekli olarak bir atık salgılandığı görülebilir. Doğaya salınan en büyük atığın "Sera Gazları" olduğunu söylemek yanlış olmazsa gerek. Karbondioksit (CO_2) doğaya salınan en büyük sera gazı olarak karşımıza çıkmaktadır. National Geographic tarafından yayınlanan "Bilimin Ta Kendisi: Büyük Erime" belgeselinde de değinildiği üzere (2018), Sanayi Devrimi'nin başlamasıyla karbondioksit artışı başlamaktadır. Sera gazları ve özellikle Karbondioksit artışı ile hava sıcaklığının doğru orantılı olarak ilerlediğini ve artış sonucu küresel ısınmaya neden olduğu gözlemlenmiştir. Yani, karbondioksit artışının sonucun da kaçınılmaz olarak "Küresel Isınma" ya maruz kalınmaktadır. Her ne kadar farkına varılmadığını veya tüketim anlayışı çerçevesinde göz ardı edildiğini söylesek de küresel ısınma büyük sorunlara yol açmaktadır. Bu sorunlara örnek verilecek olursa, 1981 yılından bu yana iklim değişikliklerinin yılda ortalama 5 milyar dolar değerinde tarım ürünü kaybına yol açtığının tahmin edilmesi veya ortalama olarak yangınların 1970'li yıllara göre yaklaşık 6 kat daha fazla alanı yaktığını ve 4 kat daha sıklıkla çıktığının dillendirilmesi örnek gösterilebilir.

V. BÖLÜM: YENİ BİR BAŞLANGICA DÖNÜŞ

REKLAM ÜSTAT ANLATIYOR...

Kapitalizmin başat aktarıcılarından olan reklamlar, bireyin yaşam normlarını belirlerken onun uygulaması gereken davranış kalıplarını da sergilemektedir. Öğretilen bu davranışlarla birey, doğal döngüsünden uzaklaşmaktadır. Bu durum, doğal olana karşı bir özlem duygusu oluşmasına zemin hazırlamaktadır. Kapitalizmin aktarıcısı reklamcılık sektörünün de tüm hedefleri bu duygular olmuştur. Duyguların altı deşilerek hedonist arzulara ve isteklere dönüşümün sağlanması beklenmektedir. Post-modern ideal bireyin bu özlemi, reklam malzemesi yapılmaktadır. Başta unlu mamuller üreten şirketler olmak üzere pek çok şirket, yayınladıkları reklamlarında "bu topraklar" furyasını estirmektedir. Bahsi geçen pek çok reklamda "bu topraklarda doğal kalmış bir şeyler hala var" ibaresi veya alt metni geçmektedir. Bireyi bir yandan doğal yaşantısına özlem duyuran kapitalizm, öte yandan bunu kullanarak bireyi tüketime sevk etmekte ve yapay bir hazza erişme/ rahatlama duygusu gütmektedir. Aslında bu reklamlar tersten okunduğu zaman, kapitalistler bireye kapitalizmden çıkış noktasını göstermektedir. Aslında, doğal kalmış bir şeyler hala vardır. Bu topraktır. Birey hem feodal düzende hem de kaçış olarak gördüğü kapitalist düzende toprağından koparılmış ve sisteme mahkûm edilmiştir. Dolayısıyla kapitalizmden kurtulmanın yolu, gene toprak üzerinde aranmalıdır. Toprak, bireye eğitimini veren en temel öğretmen ve bilgi kaynağıdır. Bilgi ise "güç" demektir, onu işlemek gerekir. Birey, toprakla haşır neşir olduğu müddetçe onu tanımaya başlar ve onunla ilgili yeni bilgilere ihtiyaç duyar. Bilgilenme gereksiniminden ötürü bireyler aydınlanmaya başlar. Ve ileri boyutta gün geçtikçe bilgiyi işleyerek kendine yatırım yapmaya başlar. Dolayısıyla kendine yetmeye başlar. Ve kendine yeten bireyin, sanayi sonrası toplumda kırılan özgüvenini tekrar geri alır. Bireyin dünyayı ve yaşamı algılama şekli fabrika ayarlarına döner. Bu durum en nihayetinde kendi ürettiğini kapitalizme emanet eden bireyin kapitalist gerçeklerle yüzleşmesine neden olur. Ki zira bugün, bireyin ürettiği kapitalist fabrikalarda başka bireyler tarafından işlenerek tekrar bireye satılmaktadır. Örneğin, çiftçiden alınan sütün yoğurt veya peynir olarak satılması gibi. Bir şizofren gibi bireyi yabancılaştıran ve sömüren kapitalist döngünün kırılması neticesinde birey, kapıldığı "modernite" hastalığından kurtulur.

Fakat bu durum, bireyin toprağı özümsemesi ve "benim" diyebilmesiyle oluşabilecek bir durumdur. Bireyin toprağa sahip çıkması için, toprağa "benim" demesi gerekmektedir. Diğer bir deyişle, kendi toprağına sahip olması gerekmektedir. Bu çerçeveden bakıldığında bir Toprak Reformu'na ihtiyaç vardır. Toprak Reformu ile bireye özgürlük alanı olarak hibe edilen toprakla, sistemin çarkları bireyin lehine dönebilir. Birey bu toprakla hem günümüz stresli koşullarından kurtulabilir hem de bu alanı stres atma adına yaptığı eylemler dizisine çevirebilir. Öte yandan ürettiklerini tüketim döngüsüne sokarak hem sağlıklı bir yaşam sürebilir hem de ekonomik gelir elde edebilir. Günün sonunda maddi kaygılardan uzaklaşması, "medeniyet" denilen olguya daha geniş çaplı kazanımlar getirebilir ve de birey, üzerinde yaşadığı Dünya ile barışık hale gelebilir. Dolayısıyla, her anlamda gerçek ilerleme kaydedilir.

Burada altının çizilmesi gereken bir nokta vardır. Toprağa dönmek, "yüzünü kuma gömmek" olarak algılanmamalıdır. Endüstri 4,0 konuşulan günümüzde kastedilen anlatı, sanayi ve teknolojiye kopmuş olarak tarım toplumuna dönmek, tam anlamıyla değildir. Bu anlatıda söylenmek istenen, teknoloji dâhil her şey -ki bireyin kendisi dahi- kapitalizmin emperyalist emelleri doğrultusunda kullanılmaktadır. Ve bu durumdan çıkış yolu, her şeyi kapitalizmin eline vermemekle mümkündür. Çünkü özellikle kapitalizmin temel sömürüsü olan kültürün toprakla çok yakın bağı vardır. Dolayısıyla, "Toprak Reformu" olarak adlandırılan yöntemle kapitalizm bireyi sömürürken, yani ekonomi bireyin yaşamını kontrol ederken durum tersine çevrilebilir. Birey, ekonomiyi kontrol edebilir. Dahası, yoğun şehir koşullarının getirdiği körlükten çıkarak, dünyayı daha yaşanabilir bir hale getirebilir.

Lakin özellikle Fransız İhtilali sonrası dönemde politik ve siyasi bir hal alan kapitalist ideoloji gerçeği çerçevesinde, bugünkü durumdan çıkış ve Toprak Reformu için devlet müdahalesi gereklidir. Diğer bir deyişle söz konusu reform, bir toplumsal hareketlilik olarak düzenli ve istikrarlı politikalar ile gerçekleştirilmelidir. Nasıl ki küreselleşme süreci politik olarak desteklenmiş ve toplumlara uygulatılmışsa, bu reform süreci de devlet mülkiyeti perspektifinden mülkiyetin kutsallığı olarak desteklenmelidir. Bu reform ile bireye sahiplik bilinci kazandıracak hibeyle ihtiyaç mamulleri ve yaşamsal faaliyetler üretilerek kalkınma sağlanabilir. Anlatılmak istenen reform, bu fikriyata dayanmaktadır.

Ekonomi asıllardır vazgeçilmez olarak süregelmektedir. Fakat bir ekonomik model olma iddiasıyla ortaya çıkan ve ekonomiden farklı boyutlara erişen kapitalizm, vazgeçilmez ya da döngüsel değişime girmez değildir. Hele ki, bu kadar acımasız davrandığı dönemde hiç değildir.

Emperyalist kapitalizmin birey ve toplumları sömürmesinin yegâne çıkış yolu, bireyde yaratılan "en ideal sistem" algısının yıkılmasıdır. Bu da gördüğü rüyadan uyanmasıyla mümkündür. Bu rüyadan uyanmak, post-modern dünyanın yarattığı mülkiyetten ziyade alternatif bir mülkiyet ilişkisi ile mümkündür. Bu noktada Toprak Reformu, ideal bir çözüm olarak gözükmektedir.

TEMASTA KALINANLAR...

1) Hatipler, Mustafa (2017), "Postmodernizm, Tüketim, Popüler Kültür ve Medya", Bilgi Sosyal Bilimler Dergisi, sayı: 34, e-dergi
2) Kara, Tolga (2014), "KÜLTÜR ENDÜSTRİSİ KAVRAMI ÇERÇEVESİNDE MEDYA ÜRÜNLERİ: ELEŞTİREL YAKLAŞIM", The Turkish Online Journal of Design Art and Communication Dergisi (Tojdac), e-dergi
3) Yanıklar, Cengiz (2010), "Tüketim Kültürü, Kapitalizm ve İnsan İhtiyaçları Arasındaki İlişki Üzerine Bir Tartışma, C.U Sosyal Bilimler Dergisi, cilt: 34, sayı: 1, Sivas
4) Koç, Cansu (2015), "NEOLİBERALİZMDE DEVLET VE KAMUSAL ALAN ÜZERİNE BİR BAKIŞ", Türkiye Barolar Birliği Dergisi, sayı: 117, e-dergi
5) Osmanlı ve Kaya, Umut ve Sevde (2014), "PÜRİTANİZM'DEN HEDONİZM'E DEĞİŞEN BOŞ ZAMAN KAVRAMI", Hacettepe Üniversitesi Sosyolojik Araştırmalar Dergisi, e-dergi
6) Çoşgun, Melek (2012), "POPÜLER KÜLTÜR VE TÜKETİM TOPLUMU", Batman Üniversitesi Yaşam Bilimleri Dergisi, sayı: 1, Batman
7) Taylan ve Arklan, Hasan Hüseyin ve Ümit (2008), "MEDYA VE KÜLTÜR: KÜLTÜRÜN MEDYA ARACILIĞIYLA KÜRESELLEŞMESİ", Sosyal Bilimler Dergisi, cilt: 10, sayı: 1
8) Boz, Hayati Avcı (1999), Ankara Üniversitesi Eğitim Bilimleri Fakültesi Dergisi, cilt: 32, sayı: 1, Ankara
9) Tutan, Ufuk (2010), "KAPİTALİST ÜRETİM SÜRECİNDE ÜRETİM İLE TÜKETİM DENGESİZLİĞİNE TARİHSEL VE TEORİK YAKLAŞIMLAR", Ege Akademik Bakış Dergisi, cilt: 10, sayı: 3, İzmir
10) Özdemir, Şennur (2008), "KARŞILAŞTIRMALI BİR PERSPEKTİFTEN KAPİTALİZM VE KÜLTÜR", İstanbul Üniversitesi Sosyoloji Dergisi, cilt: 3, sayı: 17, İstanbul
11) Aydoğan, Filiz (2009), "TÜKETİM KÜLTÜRÜNÜN GÖLGESİNDE KENTLER", Marmara Üniversitesi İİBF Dergisi, cilt: 17, sayı: 2, İstanbul
12) Ertuna, Özer (2010), "Yeni Bir Kapitalizme Doğru", Muhasebe ve Finansman Dergisi, sayı: 45, Bursa

13) Şen, Bülent (2008), "Küreselleşme: Anlamlar ve Söylemler", Süleyman Demirel Üniversitesi Fen Edebiyat Dergisi, sayı: 18, Isparta
14) Ersoy, Ersan (2008), "TARİHSEL KAPİTALİZMDEN GÜNCEL KAPİTALİZME KÜRESELLEŞME", Fırat Üniversitesi Doğu Anadolu Araştırmaları Dizini, cilt: 7, sayı: 1, Elazığ
15) Özüçetin, Yaşar (2017), "KÜRESELLEŞME VE KÜRESELLEŞME BAĞLAMINDA KÜLTÜRLER", Uluslararası Sosyal Araştırmalar Dergisi, cilt: 10, sayı: 51, Samsun
16) Tanrıöver ve Kırlı, Oylum ve Serkan (2015), "GLOBAL KÖY VE KÜLTÜREL EMPERYALİZM: KÜRESELLEŞME BAĞLAMINDA ENFORMASYON TOPLUMUNA BAKIŞ", E-journal of intermedia (İstanbul Ticaret Üniversitesi), cilt: 2, sayı: 2, İstanbul
17) Olgun, Hülya Biçer (2017), "JURGEN HABERMAS, HANNAH ARENDT VE RICHARD SENNETT'İN KAMUSAL ALAN YAKLAŞIMLARI", Sosyoojik Düşün Dergisi, cilt: 2 sayı: 1, DergiPark
18) Aydın, M. Kemal (2006), "Düşüncenin Tarihselliği ve Emperyalizm Üzerine", Bilgi Sosyal Bilimler Dergisi, sayı: 13, e-dergi
19) Birol, Özlem Hiç (2013), "KLASİKLER, MARX, KEYNES VE SONRASI: LAISSEZ FAIRE LİBERALİZMİNDEN GÜNÜMÜZ PİYASA EKONOMİSİNE", Trakya Üniversitesi Sosyal Bilimler Dergisi, cilt: 15, sayı: 1, Edirne
20) Robinson, William I. (2002), "Küresel Kapitalizm ve Ulusötesi Kapitalist Hegemonya: Kuramsal Notlar ve Görgül Deliller", Praksis Dört Aylık Sosyal Bilimler Dergisi, sayı: 8, Ankara çeviri: Erdem Türközü
21) Aytaç, Ömer (2004), "KAPİTALİZM VE HEGEMONYA İLİŞKİLERİ BAĞLAMINDA BOŞ ZAMAN", C.U Sosyal Bilimler Dergisi, cilt: 28, sayı: 2, Sivas
22) Gençoğlu, Aylin Yonca (2013), "TİCARİ KAPİTALİZMDEN SANAYİ KAPİTALİZMİNE: MERKANTALİZM, LİBERALİZM VE MARKSİZM", Toplum Bilimleri Dergisi, cilt: 7, sayı: 14, Elazığ
23) Şan ve Hira, "Mustafa Kemal ve İsmail (2004), "Modernlik ve Postmodernlik Bağlamında Tüketim Toplumu Kuramları", Bilgi Sosyal Bilimler Dergisi, sayı: 8, e-dergi
24) Sucu, İpek (2011), "Gözetim Toplumunun Karşı Ütopya Yüzü: İktidar Güçleri ve Ötekiler", Atatürk İletişim Dergisi, sayı: 2, Erzurum
25) Kula, Nesrin (2012), "Tv Dizileriyle Yeniden Üretilen Tüketim Kültürü", Tarih, Kültür ve Sanat Araştırmaları Dergisi, cilt: 1, sayı: 4, Karabük
26) Şentürk, Ünal (2008), "MODERN KONTROL: TÜKETİM", C.U Sosyal Bilimler Dergisi, cilt. 32, sayı: 2, Sivas

27) Aydın, M. Kemal (2012), "Kapitalizm Neden Vazgeçilmezdir?", Bilgi Sosyal Bilimler Dergisi, sayı: 34, e-dergi
28) Duman, Zeki (2016), "TÜKETİMCİ KAPİTALİZMİN VE TÜKETİM KÜLTÜRÜNÜN ELEŞTİRİSİ", Sosyoloji Dergisi, sayı: 33, DergiPark
29) Parlak, Zeki (1999), "Yeniden Yapılanma ve Post-Fordist Paradigmalar", Bilgi Sosyal Bilimler Dergisi, sayı: 1, e-dergi
30) Babacan ve Onat, Muazzez ve Ferah (2002), "POSTMODERN PAZARLAMA PERSPEKTİFİ" Ege Akademik Bakış Dergisi, cilt: 2, sayı: 1, İzmir
31) Dağ, Halil (2013), "Kapitalizmin Devlet Sistemi ve Değişimi", Kent Akademisi Dergisi, cilt: 6, sayı: 3, e-dergi
32) Daldal, Şule (2009), "Kapitalizmin Bütünsel Bir Analizi: John Maynard Keynes", Toplum ve Demokrasi Dergisi, cilt: 3, sayı: 6-7, Mersin
33) Yılmaz, Mehmet Barış (2013), "KÜRESELLEŞME SÜRECİNDE HABERDE MANİPÜLASYON ÖRNEK OLAY: ABD-IRAK SAVAŞI", Gümüşhane Üniversitesi İletişim Fakültesi Elektronik Dergisi, cilt: 2, sayı: 1, Gümüşhane
34) Senemoğlu, Olkan (2017), "Tüketim, Tüketim Toplumu ve Tüketim Kültürü: Karşılaştırmalı Bir Analiz", İnsan ve İnsan Dergisi, sayı: 12, e-dergi
35) Bilgili, Can (2005), "Medya(nın) Ekonomisi ve Medya Ürününe Etki Biçimleri", Galatasaray Üniversitesi İletişim Dergisi, sayı: 3, İstanbul
36) Özmakas, Utku (2015), "İnsan sermayesinin kaynağı: Maddi olmayan emek", Toplum ve Bilim Dergisi, sayı: 135, İstanbul
37) Demirel ve Yeğen, Songül ve Ceren (2015), "Tüketim, Postmodernizim ve Kapitalizm Örgüsü", İlef Dergisi, cilt: 2, sayı: 1, Ankara
38) Avar, Banu (2016), Zemberek, 10. Basım, Remzi Kitapevi, İstanbul
39) Klein, Naomi (2000), No Logo, 2. Basım, Bilgi Yayınevi, İstanbul
40) Çoban, Savaş, "Gramsci, Hegemonya ve Kapitalizm", www.academia.edu.tr
41) Özgen, İpek, "Tüketim Kültürü ve Medyada Güzellik Söylemi: Bir Alımlama Çalışması", globalmediajournaltr.yeditepe.edu.tr
42) Şahin, Çağatay Edgücan, "Tüketim Toplumu: Mükemmele Evrilen Politika", www.researchgate.net
43) Bayhan, Vehbi, "HEDONİST VE PÜRİTAN ETİK SARMALINDA POSTMODERN GENÇLİK", www.ayk.gov.tr
44) Saklı, Ali Rıza, "KAPİTALİST GELİŞİM SÜRECİNDE FORDİZM VE POSTFORDİZM", www.ses.org.tr
45) Özgür ve Özel, Gökçer ve Hüseyin, "KAPİTALİZM, KÜRESELLEŞME VE YERELLEŞME: SERMAYENİN GERÇEK BOYUNDURUĞU", www.ses.org.tr

46) Çoban, Barış, "YENİ EMPERYALİZM ÇAĞINDA YENİ MEDYA: KÜRESELLEŞME SÜRECİNDE MEDYA ELEŞTİRİSİ", www.academia.edu.tr
47) Erdoğan, İrfan, "GERBNER"İN EKME TEZİ VE ANLATTIĞI ÖYKÜLER ÜZERİNE BİR DEĞERLENDİRME", www.irfanerdoğan.com
48) Açıkgöz, Muharrem, "Kültür Endüstrisi", www.academia.edu.tr
49) http://www.focusdergisi.com.tr/bilim_insanlari/1000_yilin_dahileri/00214, Erişim: 2019
50) http://ayrintidergi.com.tr/post-endustriyel-toplumdan-ag-toplumuna-gecis-ve-otesi-enformasyon-toplumu-teorisinin-siyasi-baglami-ve-mevcut-krizi, Erişim: 2019
51) http://www.serenti.org/kara-persembe-1929-dunya-ekonomik-bunalimi-nasil-basladi, Erişim: 2018
52) http://www.serenti.org/fransiz-devriminin-demokratik-degerleri-2/?-fbclid=IwAR0GJzsA23B5O8F_Vs1lJFl1gQVlwuoRJWk9IGdBLjKpNn-Pd0clw5LxhD1M, Erişim: 2019
53) https://www.ozgurlukdunyasi.org/arsiv/367-sayi-251/1457-kapitalizm-ve-savas, Erişim: 2018
54) https://ozgurlukdunyasi.org/arsiv/24-sayi-197/200-keynes-ve-keynesci-lik-nedir, Erişim: 2019
55) http://ankaenstitusu.com/kulturel-emperyalizm-mi-globallesme-mi, Erişim: 2019
56) http://www.filozof.net/Turkce/tarih/827-kultur-emperyalizmi-nedir-tanimi-aciklamasi-dunyada-turkiyede-kultur-emperyalizmi-tarihi-kultur-emperyalizminde-egitim-kolej-yabanci-okullar-kultur-emperyalizmi-satilik-aydinlar-kultur-emperyalizmi-yontem-metodlari-doguda-osmanlida-kultur-emperyalizmi.html, Erişim: 2018
57) https://www.evrensel.net/haber/363037/kuresellesme-ve-neoliberal-tablo, Erişim: 2018
58) http://www.dunyaninyerlileri.com/oznellik-ve-kriz-kapitalist-krizin-mekanizmalari, Erişim: 2018
59) https://m.bianet.org/biamag/siyaset/17244-kapitalizm-emperyalizmdir, Erişim: 2018
60) https://paratic.com/kapitalizm-nedir-tarihi-ilkeleri-ve-kapitalist-sistem, Erişim: 2017
61) https://www.youtube.com/watch?v=eEjs3dGCke0, Erişim: 2018
62) https://www.youtube.com/watch?v=-Bx6DYGimy4&t=1685s, Erişim: 2019
63) https://www.youtube.com/watch?v=5K2UXKCL3ac, Erişim: 2019

64) https://www.youtube.com/watch?v=qyMNah3TUTg&t=1520s, Erişim: 2019
65) https://www.youtube.com/watch?v=2m8rQykLWoM, Erişim: 2019
66) https://www.youtube.com/watch?v=GYwyBC5XfFQ&t=10784s, Erişim 2019
67) https://www.youtube.com/watch?v=vNEF8Vw0tSM, Erişim: 2019
68) https://twitter.com/sevil_atasoy/status/443534988148215808, Erişim: 2019

www.ingramcontent.com/pod-product-compliance
Lightning Source LLC
LaVergne TN
LVHW040102080526
838202LV00045B/3746